# 对话2013

## 寻找经济转型新动力

XUNZHAOJINGJIZHUANXING
XINDONGLI

孙才仁 李春喜 著

山西出版传媒集团
山西人民出版社

**图书在版编目（CIP）数据**

对话2013：寻找经济转型新动力／孙才仁，李春喜著．
—太原：山西人民出版社，2013.4
ISBN 978-7-203-07868-5

Ⅰ.①对…　Ⅱ.①孙…②李…　Ⅲ.①中国经济-转型经济-研究　Ⅳ.①F12

中国版本图书馆CIP数据核字（2013）第075739号

**对话2013：寻找经济转型新动力**

**著　　者**：孙才仁　李春喜
**责任编辑**：贺　权
**装帧设计**：谢　成

**出 版 者**：山西出版传媒集团·山西人民出版社
**地　　址**：太原市建设南路21号
**邮　　编**：030012
**发行营销**：0351-4922220　4955996　4956039
0351-4922127（传真）　4956038（邮购）
**E-mail**：sxskcb@163.com　发行部
sxskcb@126.com　总编室
**网　　址**：www.sxskcb.com

**经 销 者**：山西出版传媒集团·山西人民出版社
**承 印 者**：山西出版传媒集团·山西新华印业有限公司

**开　　本**：787mm×1092mm　1/16
**印　　张**：14.5
**字　　数**：250千字
**印　　数**：1-10 000册
**版　　次**：2013年4月第1版
**印　　次**：2013年4月第1次印刷
**书　　号**：ISBN 978-7-203-07868-5
**定　　价**：35.00元

# 前言——走向深化改革的逻辑

三十年多前，安徽小岗村的包产到户开启了农村家庭联产承包责任制改革的序幕，一场改革从中国农村开始，随后从农村走入城市并迅速席卷全国的每一个角落。

家庭联产承包责任制搞活了农村经济，增加了粮食产量，稳定了物价，解放了生产力，一大批富余劳动力从农业中解脱出来。他们成为中国改革开放和城市化进程中第一代农民工。如今，成都金堂县已经建起了农民工博物馆，见证了那一段历史。

真正决定命运的是城市改革。在那个清一色国有企业和集体企业的时代，个体工商户和私营企业开始发展起来。国有企业打破了依靠财政无偿拨款的生存模式，开始拨改贷，由银行提供贷款。商业银行开始设立，企业走上自主经营、自负盈亏和自我发展的道路。市场竞争的主体不断确立，政府主导的商品价格开始交给市场定价。国有企业和集体企业的改革也从学习农村承包制转向搞股份制，从独立经营自负盈亏深入到产权改革，逐步上升到公司治理。股票这个曾经与资本主义划等号的东西，在中国也开始发展得风生水起。这个时候，国有经济逐渐从一些竞争性领域退出，给民营经济创造了机会，全国性统一市场开始形成，城市逐渐成为吸纳农村富余就业人口的主战场。城市的改革释放出巨大的体制活力，但是行政管理体系的改革和公共服务领域的改革并没有彻底展开，政府主导资源和定价的领域还很多，这些领域都不同程度出现了竞争不充分、供给不足。

当中国改革从农村走向城市时，一场对外开放的时代大幕悄然开启，成千上万的农民工从农村涌向沿海城市，成为中国出口导向型经济的产业工人，他们撑起了中国制造的脊梁，创造了世界工厂的奇迹。对外开放和城市化进程深刻地改变了中国社会的结构。这些涌入城市的新市民，遭遇中国式城乡二元结构的玻璃门，他们并不为城市原有的体系所接纳，农民工没有社会保障，没有医疗保障，没有户口，孩子不能平等享受教育，家庭难以团聚，农村留守老人和儿童长期与家人分离。尽管他们是世界工厂里的产业工人，却无法享受产业工人应有的福利待遇、医疗和教育等社会保障，他们的身份不过是从农村外出谋生的临时工，他们无法摆脱身份魔咒，命运决定了他们仍然属于农民，即便三十年之后他们已经融入这座工作和生活的城市，但他们仍然是一个农民工的身份，不能平等获得城里人的一切。

截至2011年，中国农民工人数超过了2.5亿人。中国农村已经被城市化吸走了大部分青壮劳动力，农村只剩下三八六零部队，也就是妇女、老人和儿童。

轰轰烈烈的城市化和工业化，也是投资、出口和消费传统三驾马车拉动经济腾飞的缩影。三十年来，从政府招商引资到企业投资雇佣工人，从中国商品出口全世界到成为全球外汇储备最多的国家，从高投资和高储蓄的中国资本积累模式到全球第二大经济体。这其中依然离不开人口红利不断释放的支持。

今天，人口红利随着中国人口逐渐老龄化而正在消减，人民币升值，金融危机后欧美市场需求减少，中国庞大的出口竞争优势正在丧失，欧美经济体趋于保守，贸易保护主义抬头，城市化伴随而来的房价泡沫，土地、资金和人力成本不断上升，地方政府投资缺乏效率，地方融资平台积累了潜在的债务风险。

在国际形势方面，美国战略东移，重回亚洲，挑动周边国家纠缠中国，中国的和平崛起遭遇新的挑战。

一方面，中国、日本、韩国、印尼和印度都已经成为位居全球前列的经济体，包括俄罗斯也将重心移到亚洲，亚洲已经成为全球最大的经济区，这里磁场巨大，拥有全球最多的人口、最大的消费市场，最快的经济增长速度，一个亚洲世纪正在迅速崛起。

另一方面，美国又试图分化亚洲，打压新世界的挑战。金砖五国为首的新兴经济体成长迅速，美日欧等发达经济体在金融危机之后经济增长低迷，美国经济低增长，欧洲经济和日本经济都是零增长或者负增长，美国选择在亚洲推行自己的环太平洋自由贸易区政策，希望搭上亚洲经济增长的快车。在政治和军事上，美国利用亚洲盟友日本和菲律宾，挑起与中国的领土纠纷，形成岛链围堵中国崛起，从而分化亚洲经济区。美国和日本两大旧世界发达国家联手打压中国为首的新世界崛起，中国在政治、军事和经济上面临巨大的挑战。

在全球竞争中，中国的传统优势正在发生改变，如果说前三十年是中国农村包围城市的改革战略取得了巨大成功，那么，下一个三十年将是决定中国命运的“三大战役”阶段。打法和思路都会不一样，需要具有远见的战略思维和顶层设计，也需要踏踏实实真抓实干，既要坚持发扬过去改革开放的基本经验，还要充分发挥基层和群众的首创精神。

党的十八大是继十一届三中全会后又一个具有划时代意义的会议。因为当今中国客观地又一次处在了改革的时间窗口期。而十八大明确提出全面建成小康社会和全面深化改革目标，指明了未来深化改革的方向，描绘了路线图。在重大战略机遇期剩下的几年里，凭借蛇年带给我们的灵气与活力，一场新的深化改革和扩大开放的浪潮必将再一次掀起。

如何在新形势下继续把握好和推进好改革开放？也许当初改革出发点的农村又要担当新时期改革启动点的重任。因为“三农问题”仍然是中国经济最大最难的问题，农村是中国经济社会最欠发达的领域，反过来讲恰恰也是最大的潜力。2020 年实现全面建成小康社会，农民奔小康了，最穷的人群收入倍增了，才是真正的全面小康。因此，“三农”问题的解决无疑是最大空间、潜力和着力点所在。这就是需要大力推动新式城镇化和农村产业化、农业现代化，彻底改善农村生产方式，改变中国农村落后面貌，提升农民生产和生活水平。只有充分考虑到解决“三农”问题的社会普遍诉求，并以新式城镇化为切入点，四化同步推进，才可能使经济转型和深化改革变得有抓手，有载体，有动力，有意义。

比如，在大规模城镇化进程中，可以通过改革，明确农民的重要生产资料——土地使用权或产权，赋予其可流转可投资入股的权力，将土地使用权转化为城镇化和农村产业化的资本，让农民离土不失地、能持久享受土地的增值收益，或由土地收益转化为财富效应、资本收益，带动农民走向共同富裕、持久富裕。在这个过程中，让广大人民群众平等享受就业、教育、医疗和住房保障，创造激励创新创业创富的环境，让每一个有梦想的中国人实现自己的梦想。

这种以解决“三农”问题、消除城乡“二元结构”为终极目标的大规模新式城镇化和产业化建设，如果还是依靠传统的经济工作思维和体制机制，显然难以奏效。特别是2008年全球金融危机后，人们开始意识到“旧三驾马车”(投资、出口和消费)正在失灵，传统的“投资体制”和融资方式难以支撑新式城镇化需要的迹象已逐渐显露。

中国证监会山西监管局党委书记局长孙才仁同志基于对实体经济的长期观察和金融创新服务实体经济的实践，提出了转型期破解经济困局之法、经济转型方略、深化经济市场化改革的载体和切入点等系列思考。他指出：中国经济持续健康增长需要内需驱动，更需要一种适合当今经济运行需要的新理论、新思维、新改革。即用发展的思维取代增长的思维，在实体经济层面走新型工业化、信息化、城镇化和农业现代化“四化同步”发展模式；而在宏观经济体制和机制层面大力推进经济市场化、资本化和金融化；在经济发展和运行层面抓住城镇化、市场化、资本化和金融化，加上科技创新和金融创新两轮驱动，可望为我们找到全新的经济转型发展路径、机制和动力。

他还认为，新型工业化、城镇化、信息化和农业现代化"四化同步"是未来实体经济转型的基本方略，市场化、资本化和金融化则为"四化同步"发展提供基本动力和保障机制。特别是城镇化建设和资本市场改革创新，还有可能为推进市场化改革提供适宜的着力点。新一轮城镇化建设很可能将以县域经济为重点展开，县域对于深化经济市场化改革既有强烈需要，又操作便利。金融如何适应国家经济转型发展和深化改革的形势需要，在推进经济转型发展和经济市场化改革两方面善于“接地气”，使巧劲、给助力？这是金融业面临的一个很现实的课题，考验着金融部门和金融业改革创新和服务发展的能力，考验着各级政府对现代金融和资本运作的学习能力、适应能力和把握能力。

华夏时报记者跟踪了国家资源型经济转型综改试验区山西近年来进行的金融创新和金融服务实体经济实践，采访了近2年来倾力推动山西资本市场改革创新实践的山西证监局长孙才仁同志，并将这位敢在省党代会上慷慨陈词、揭示短板、又能深入国家级贫困县的穷山沟向农民问需问计的证监局长近2年来推动金融创新工作的思路和实践，汇集成这本被称之为《对话》的访谈录。从中我们可以感受到一位金融工作者对国家经济转型和深化改革的强烈探索精神，体会到根植一线经济工作开拓创新和干事创业的时代精神，重新看到了上世纪八十年代改革风云的先锋身影。而《对话》主人的大胆思考和探索，亦将为广大读者带来有益的启示。

华夏时报记者　李春喜

2013年3月于北京

# 目录

Contents

## 第一篇　市场化提供转型发展新机制

## 第三篇　资本化提供转型发展新动力

## 第四篇　金融化提供稳定发展新手段

保值对冲风险很成功，包括讲到国际四大粮商依靠套期保值，打造全产业链经营模式，确立企业核心竞争力。您能否就一个全球化企业通过套期保值构建金融竞争力的原理做一说明？

# 第一篇　市场化提供转型发展新机制

## 1. 传统的“三驾马车”失灵，不转型没希望

**华夏时报**：*华夏时报：2008 年金融危机之后，在经历了对抗危机的各种艰苦工作的同时，大家开始逐渐感觉到中国经济社会发展面临的形势也在发生变化，同时，又总觉得很多棘手问题解决起来比较费事，经济生活中存在不少令人纠结的现象。针对这些现象，您是怎么看的？*

**孙才仁**：我在 2011 年曾经讲过：现在经济生活中充斥着一种“迷茫”的情绪。其实，当时的情况也可以说是“全世界处在迷茫状态”，我们中国当然是首当其冲地迷茫。首先是我们做经济工作的干部迷茫了，怎么经济工作越做越难？同时，企业家也迷茫了，一些企业家明白地对我说下一步不知道干什么好。温州经济本来是充满活力的地方经济，金融危机后率先出现“老板跑路”问题、高利贷严重并发生了危机。然后，是经济学家都迷茫了。

为什么？2008 年金融危机从经济学上找不到理论上能解释通的原因。包括我们应对金融危机，恐怕也是缺乏理论指导的，我们

基本上是摸着石头在干的。包括我们财政投入的4万亿元，全国据说是40万亿元，其实也是摸着石头摸出来的。现在回头又开始评价说这40万亿元代价有点大。甚至有人说是我们无意间帮了美国人的忙。说明什么？因为过去的工作理论指导不够。起码在十八大前我认为是一个未知数。我说的这个“迷茫”概念不是我今天说的，是2009年那会儿先从企业家那里得到的启示。

其实，这就涉及到对形势和潮流的分析把握问题。尽管目前这方面的观点还是各异，但我觉得从挑战的角度讲，以下几点值得我们关注：

**第一，传统的三驾马车失灵，不足以支撑今天的经济发展。**

消费、投资和出口是宏观经济理论认为驱动经济增长的“三驾马车”。近年来，国际市场需求萎缩，出口对经济的拉动效应明显递减，国际环境的有利性已非过去所能比。而投资拉动增长的模式也遭遇了通货膨胀、房价泡沫、债务上升、效率低下、产能过剩、企业融资难等问题。于是，大家都把希望寄托于消费拉动增长上来，甚至全球许多国家都不惜动用财政力量来“引导消费”。然而，大家又都清楚，这样的刺激消费和传统的扩大投资政策难以支撑今天的经济发展。

与此同时，我们还应预判到多年来赖以推动经济发展的宏观政策手段——财政和银行信贷两大手段，也正在或即将逐步接近极限。1994年税制改革后中央财政比重大幅度增加了，但是，这不足以让我们高枕无忧。1994年税制改革无疑是成功的，这的确对我们渡过后来发生的亚洲金融危机和2008年世界金融危机帮了大忙，也是我们后来取消农业税费，大幅度增加公共事业投资、教育投资和公共保障投入的重要物质基础。但是，接近20年的这种体制和政策如不逐步调整改善，它对经济生活特别是经济活力造成的负面影响将会逐渐显现，并且会束缚国家未来实施灵活有效的宏观经济调控。

必须承认，传统"旧三驾马车"正在逐步失灵，传统的经济工作思维和依托的力量正面临调整，传统的体制机制需要进一步完善。

**第二，中国经济处于转型期，不转型就没有希望。**

以上现象，一方面是深化改革不到位、计划经济思维和体制局限，另一方面也是中国经济发展的阶段性现象，就是我们面临着所谓的"中等收入陷阱"挑战①，预示整个社会经济发展运行需要一次大的调整和转型。也就是说，在传统的经济工作思维和体制下，从要素投入成本和资源配置效率角度讲，许多方面已经达到极限（郭树清语，2012年）。

这次转型属于长周期的大转型，转型期放大了讲会是一次激荡、一个剧变。这个变化在"十二五"末期能初见端倪，十年以后初步形成，转成功了我们就能超越中等收入陷阱。那么，变化的核心在哪里？简单讲就是按照中央提出的经济、政治、社会、文化和生态"五位

① 2006年，世界银行首次提出"中等收入陷阱"的概念。"中等收入陷阱"是指一个经济体赖以从低收入经济体成长为中等收入经济体的战略，对于它们向高收入经济体攀升是不能够重复使用的，进一步的经济增长被原来的增长机制锁定，人均国民收入难以突破10000美元的上限，一国很容易进入经济增长阶段的停滞徘徊期，鲜有中等收入国家能够成功地跻身为高收入国家的现象。阿根廷、巴西、墨西哥、印尼、菲律宾、泰国、南非等国家长期在中等收入国家行列徘徊，是典型的"中等收入陷阱"国家。

一体”总体布局要求，实现由传统的粗放型增长方式转向新型的集约式增长，兼顾质量和效益的增长、经济发展、社会进步和生态改善等同步发展，更是经济和经济工作全方位的变革。这个变化对中国的影响可能不亚于前三十年，最近五到十年对中国很关键。

**第三，转型期面临诸多“拐点”挑战，走出困境路径不明朗。**

2008年金融危机发生后的一个时期内，整个世界经济是迷茫的。中国经济不仅迷茫，还堪称纠结，左右为难。在微观方面，我接触过的企业家中很多人对未来投资发展方向失去判断，不知道干什么好，越有钱越烦恼。在宏观方面，2008年以来宏观政策调整的周期很短。

我们不要以为近些年土地财政的钱那么好花，其实土地财政不仅在某些层面加剧着社会不公，还让政府逐步陷于一种“虚妄”，蚕食着好不容易积累的一点市场化改革成果，正在不自觉地积累着债务危机的风险。比如，收入规模快速扩大的各级财政是否顺势加大了经济社会发展急需的机制建设。比如，是继续坚持每年巨额的粮食补贴、农机补贴、家电下乡补贴，还是把财政涉农资金适当转向支持改造农村生产经营方式和培育新型农业经营体系。比如，财政资金使用是继续采用直接分散“撒花椒面”的投入方式，还是适当集中使用、发挥杠杆引导作用等。这些都是财政在目前日子比较好过的时候应当及早研究的转型课题。

在新一轮大投资浪潮中，靠土地财政支撑的政府投资初显后劲不足和债务加剧风险，市县两级政府经济工作前景“不妙”。特别是在金融市场发展不充分的情况下，我们遇到的最大风险叫金融资源和金融风险配置不合理，90%以上的金融资产配置在银行身上，意味风险也集中在银行体系。资源配置不合理影响发展，风险配置不合理则影响稳定。各级政府和财政金融部门对此要保持高度警惕。

金融危机后，欧洲出现一种趋势，右派让位“左派”上台。其实这种更替一方面基于经济，另一方面也是一种理论之间的替代。整个欧洲和美国，经济学已经走向反面了，不再是过去自由经济占主导了，凯恩斯学派重新抬头了。但是“左派”上台就能解决经济问题吗？我看也未必。因为现在的世界经济危机，不是一个简单的计划和市场之间的较量，也不是一个简单的市场失灵的问题。它是结构性问题和发展模式问题，是一个时代的结束、一个新时代的开始。

形势这个东西要把握准了，就等于把握潮流了，你这个人和这个行业就知道应该干什么。回首过去的三十多年改革开放实践，最成功的就是把握准了形势，从而不失时机地推动了不同时期的改革开放。各方面信息表明，中国经济社会正在步入一个大的转型期，需要再一次把握好形势和潮流。

正如习近平总书记最近强调的那样：我们的党要上进，我们的国家要上进，我们的民族要上进，就必须大兴学习之风，坚持学习、学习、再学习，坚持实践、实践、再实践。各级干部要有古人“位卑未敢忘忧国”的风范，深刻认识转型期中国经济正在和将会发生的变革，清醒看到肩上担负的历史使命，以崭新的思维和宽阔的视野，坚持中国特色社会主义不动摇，抓住转型主线不放松，坚定改革开放不言退，带着思考和思想，有激情、有办法、有魄力地创造性地开展好各自领域的工作。如此,中国经济转型有望,中国深化改革有望,全面建成小康社会有望,实现民族伟大复兴有望!

## 2. 经济工作在"三个鸡蛋上跳舞",急需寻找新出路

**华夏时报**:经过三十多年改革开放的努力,中国成为全球第二大经济体,但各种问题积累也非常严重,经济降速后就暴露得更突出,转型缓慢而艰难。您从基层工作者角度看,当前中国经济转型发展的难点在哪里?

**孙才仁**:经济工作在"三个鸡蛋上跳舞",这是中国证监会研究中心主任祁斌同志借用阎锡山说的话。以此比喻当前中国经济转型发展面临诸多矛盾,左右为难。我看,这个难字至少可以归纳为如下几方面:

**首先,中国经济运行粗放,质量不高,严重缺乏核心竞争力。**

中国虽然号称世界第二大经济体,但经济运行质量与规模不相称,人均 GDP 水平仍排在世界 90 多位,传统经济增长方式代价很大,低工资优势已经不在,高耗能、高污染这种增长方式难以为继,根本改善尚待时日。2009 年我国 GDP 仅占世界的 8.6%,而能源消费总量却占世界的 19.5%,单位 GDP 二氧化碳、二氧化硫等主要污染物的排放均高于世界平均水平(马建堂语,2011 年)。

尤须注意的是,我们提出的创新驱动发展战略,过去讲就是"科技立国"战略,一方面决不是短期内能见效的,因为科技实力是

需要几十年甚至上百年的长期积淀；另一方面如果没有好的市场经济体制机制支撑，科技创新是没有动力和保障的。我们不要以为美欧特别是美国的科技创新引领产业和经济转型不断成功的故事就那么容易地会在我们国家上演。美国的强大科技创新能力除了有它的发达市场经济机制和金融市场环境支撑，还得益于它在“二战”开始集聚了世界科技精英。解决我国经济发展粗放、高代价问题，任重道远。

**其次，稳增长、抑通胀和求转型这三者很难兼顾，没有找到很好的化解办法。**

中国经济工作的“三个鸡蛋”是什么呢？首先也就是传统的“三驾马车”——投资、出口、消费。现在看是疲态初显，2012年的经济形势更表明“旧三驾马车”出现增长极限趋势。与此同时，三驾马车之间还存在严重的结构失衡。

有人统计，2003-2011年我国GDP增长中约50%来自投资拉动，消费占比从2000年的46.4%持续下降到2010年的33.8%，居民消费倾向则由2000年的79.6%下降了10个百分点。在我们大规模依靠投资拉动增长的同时，居民薪酬收入占GDP之比则在1995-2007年间持续下降了12.42个百分点，年均降幅2.3%；而二次分配后的居民可支配收入占比则由2002年的65%下降到2008年的57%（夏斌语，2013年）。尽管2012年消费拉动增长的作用一度显现了出来，但是，现有的体制机制还不能有效支撑消费增长和持续支持经济增长的需要。

还有作为投资来源的居民储蓄率，不断遭遇物价上涨的蚕食，有人说近10年居民储蓄存款呈负利率状态。这是投资与消费两者之间纠结的根本所在。

外贸出口就更是显而易见了,给中国经济增长带来了近30年红利的外贸出口,现在遭遇了前所未有的寒流。其实继续依靠国际市场支持中国增长不仅是外部经济环境所不容,也是我们自己的劳动成本上升等形势所不支持的,2012年我们不得不面对出口增长完不成计划的现实。

在中央财政占财政收入比重不断提高的同时,各级政府债务规模不断扩大。仅中央财政债务余额就由2008年的53271亿元增加到2011年的72044亿元,占中央财政收入比重为140.36%。地方政府债务据估计也有12万亿元。2008年以来,在全社会流动性充裕条件下出现了投资增长乏力,企业债务也快速增长,已经占到GDP的107%,超过国际警戒线95%的标准,更反映了投资"体制和机制"有问题了、有风险了。搞财政的同志习惯于拿中央政府债务负担没有超过3%的国际警戒线来宽慰自己。其实,很多专家就指出,如果考虑到我国财政资金使用与经济社会改革转型潜在的需求之间还有巨大缺口,比如,我国市场经济机制建设的需求、农民市民化的巨大公共需求、百姓社保基金的缺口以及地方政府负债对中央财政的倒逼风险等,我国的社会保障基金占GDP的7%左右,与发达国家占50-70%的水平相比,差距太大了。对未来的财政状况,我们不应乐观。

**第三,经济生活出现新的"两难"。**

这是前中国证监会主席郭树清同志的提法,叫"企业多,融资难;资金多,投资难。"我们每年提供给国际经济使用的储蓄资源近2000亿美元,超过了国内农业的全部固定资产投资;深层次原因在于金融体系改革和资本市场建设，我国金融市场本身存在较为严重的结构性问题,面向实体经济的金融服务存在结构性失衡。在以商业银行为主导的金融体系中,大企业、政府相关企业占有金融资源优势比较明显,中小企业和创新企业获得的服务非常有限(郭树清语,2013年)。

其实,这又反映了以下几个问题:一是金融市场结构不合理,主要是资本市场和保险市场不发达,使金融市场体系不健全,影响了资源配置功能的发挥,使流动性转化不畅。二是经济和产业结构不合理,企业治理基础差,需要资金的产业或企业不一定是资金青睐和认可的领域。三是金融产业和金融市场竞争和创新机制不发达,影响了金融服务和市场功能的完善、提升和发挥。如果说中国市场经济不发达，那么金融领域市场结构的不合理和市场化程度不高是市场经济的重要短板所在。

**第四,金融资源与风险配置严重不合理。**

2011年底我国各类金融资产存量107万亿元，其中贷款余额58万亿元,保险资产5万亿元,股票市值22万亿元多一点;企业融资结构中，贷款余额超过50%，公司类债券和股票融资不到26%;2012年第一季度社会融资总额中,人民币贷款占63%,企业债权10%,股票占2%;整个社会融资中各类贷款加上信托贷款、外币贷款、承兑汇票等,间接融资占了88%(姚刚语,2013年)。经济发展资金供给的80%左右靠银行信贷、间接融资;国有投资占主导地位，政府投资热不减，地方政府负债快速增加。特别是在城镇化进程中，地方政府负债冲动不减，有专家就说“中国的地方债务风险不在规模，而在于不规范、不透明和地方政府透支信用（管清友语，2013 年）。这说明资源配置的严重不合理，也意味风险配置的严重不合理。

2011 年有报道说，浙江地区出现了企业贷款 60-70%采取了互保的模式，说明银行信贷支持投资增长的可承受力越来越有限。沉寂多年的“三角债”问题有死灰复燃之势，非法集资屡禁不止，民间高利贷盛行，加重实体企业融资成本。说明金融资源配置正在因机制和管道不畅而发生扭曲，由经济纠结演化的金融风险有潜在的蔓延趋势。经济的问题最终一定会通过金融问题反映出来。

**第五，解决“三农”问题变得越发紧迫和棘手。**

农民是中国的最大群体，农村是经济最不发达的领域，“三农”问题最不易解决。近些年来，虽然粮食生产实现“九连增”，但城乡“二元结构”没有根本改变。国家虽然取消了农业税费，增加了对农民、农村和农业生产的补贴投入，但并没有解决农业生产力提高的机制问题。如果有一天财政支出增长放缓了、受限了，市场经济更发达了，“三农”问题会变成什么样子？伴随大量农村青年劳力的进城务工、滞留城市，一方面给城市政府户籍改革及公共支出增加了巨大压力，另一方面农村“空巢”问题将日趋严峻，农业生产力的提升从何而来？改革开放后的家庭联产承包责任制和农民土地承包经营权，一度释放了农民的生产积极性，一定程度解放了农民的生产力，但是，面对农民个体生产力提升的极限，靠什么继续解放农村和农业生产力？

这些都将是新一轮城镇化建设必须面对的课题。如果缺乏科学设计和统筹规划，“三农”问题不是没有加剧的风险。正如吴敬琏先生说的：“最大的陷阱最多的陷阱是低收入陷阱。”看来，解决好中国经济最落后的领域、收入最低的农民问题和农业不发达问题，也是超越“中等收入陷阱”的重要任务。说到底，“三农”问题得不到彻底解决，全面建成小康社会就无法实现。

**山西有个情况叫“有钱和没钱并存”。**

吕梁有钱，但运城没钱；煤老板有钱却找不到合适的投向和合适的方式投资，但是装备制造业、新兴产业、农业企业急需扩大投资却得不到充足的资金支持。煤炭企业“富在深山有远亲”，中小企业和创新型企业“贫居闹市无人问”。山西作为中西部欠发达省份，2011 年 GDP1.1 万亿元，存款余额 2.2 万亿元，雄厚的社会资金本应成为当地经济转型发展的巨大优势，但是，这个省的存贷差就有 1.1 万亿元，2012 年存贷差有所缩小，与存款余额比仍高达 46%，而有的县域存贷差占比更高达 70-80%，政府不得不四处招商引资，本地企业特别是中小企业和县域企业患上严重的资金饥渴症。有位县长告诉我：当地中小企业 700 家，2012 年得到银行贷款的只有 17 家，只占当地银行贷款额的 5%左右，县域经济建设资金 70%靠政府，基础设施建设欠账严重。这也是区域金融市场和金融服务不发达、结构不合理的现象。

在中西部地区还有一个现象叫“外部招商引资力度大与内部企业做不大并存”。地方政府大张旗鼓地外部招商，而自己家里的企业做不大，这两种现象并存，揭示了经济上的一个战略、一个布局问题很迷茫。数量型增长导致“摊大饼”式的扩张，十七大以来一直强调的内涵式增长问题始终没有很好地解决。

这些就是我们经济纠结、甚至社会纠结的地方。说明过去三十年经济建设走过的道路，有些已经难以为继了。中国这样一个13亿多人口的大国，不能满足于做世界制造大国，必须调转船头，找到新的出路。

3. 转型发展需要新引擎、新机制、新动力

**华夏时报**：*据说您在2011年就针对中国经济转型困难，提出了“旧三驾马车”失灵，需要打造“新三驾马车”提供新支点和新动力的想法，需要依靠市场化、资本化和金融化构成的新机制、新动力。您能否做一解释？*

**孙才仁**：美国金融危机引发全球经济危机之后，关于经济出路，大家一直在探索，主要集中在投资拉动、消费拉动这些方面。但是，我就想，既然以投资和消费为主的传统三驾马车有失灵风险，那么，是不是可以换个角度思考问题，寻找经济转型发展的新支点、新动力、新机制？正如李克强总理最近所强调的：“我们有有利的条件，有巨大的内需。关键在推动经济转型，把改革的红利、内需的潜力、创新的活力叠加起来，形成新动力，并且使质量和效益、就业和收入、环境保护和资源节约有新提升，打造中国经济的

升级版。”

过去我们习惯于经济增长层面三个支点、三驾马车，即投资、消费、出口，新时期需要关注经济转型发展问题，即关注经济转型和发展的支点在哪里？有效机制是什么？中国经济要实现成功转型，需要有新的理论思维，需要寻求新动力和新机制。所以，我就提出了需要打造经济发展层面的“新三驾马车”：城镇化、资本化和金融化；需要两个轮子：科技创新和金融创新；需要抓住一个核心：市场化机制建设。

2008年金融危机以来，我们面临的许多问题和纠结，引起人们关于怎么看和怎么办的思考。我就认为：应该从三个层面看：

首先，从实体经济层面看，针对上述问题，就是要像党的十八大明确的那样，要走新型工业化、信息化、城镇化和农业现代化“四化同步”发展模式，特别是抓住城镇化这个新引擎。

其次，从宏观经济体制和机制层面看，我们深化体制改革和机制建设的步伐要相应跟进，就是要深化经济市场化改革，大力推进市场化、资本化和金融化。

第三，从经济发展和运行实战的层面看，就是要抓住市场化、城镇化、资本化和金融化这四大潮流，加上充分依托科技创新和金融创新两轮驱动，可望为我们找到一个全新的经济转型发展路径、新机制、新动力。

新型工业化、城镇化、信息化和农业现代化“四化同步”是未来实体经济转型的基本方略，市场化、资本化和金融化则为实体经济“四化同步”发展提供基本动力和保障机制。正如李克强同志所说：

“城镇化是扩大内需的最大潜力，转变发展方式根本在创新体制机制，转型的动力在改革开放。”中国经济未来有两大红利：一个是以城镇化为代表的内需红利，一个是以市场化改革为代表的改革红利。跨越“中等收入陷阱”也好，实现“四化同步”发展也好，都需要进行理论创新、思维转变，需要痛下决心，加快市场化改革步伐、加快发展方式转变进程，从而经济运行迫切需要破除固有的体制制度约束。

**城镇化是经济增长的新引擎。**

把城镇化作为“新三驾马车”的主要内容并放在首位，是以中央的判断为依据的。中国未来发展在实体经济层面的抓手有两个，一个是城镇化、一个是产业化，特别是企业投资发展。在未来一定时期，城镇化将是中国经济继续保持强劲增长的主要拉动力和支撑，做好这篇文章其实就是做一个数量和质量统一的内需，就是做工业化、信息化和农业现代化。不仅对内来讲惠及民生改善和生态改善，也是应对外部环境变化、保持经济继续快速增长的战略性举措。

但是，过去几十年的城市化建设在取得巨大成就的同时，也积累了很多问题和矛盾，走到了它的极限，需要伴随经济社会整体转型的潮流，改进、完善和丰富城市化建设思路。所以，我这里说的城镇化姑且称之为新式城镇化。

新式城镇化不是简单的农民变成城市居民、小城市往大城市集中、农民把土房子拆了住楼房的问题，其核心是抓产业化和民生与生态改善。产业化的动力源在哪里？在工业新型化、信息化、农业现代化，在培育新兴产业、现代农业和民生产业，在大力发展服务业，等等。并能通过基础设施建设和新产业培育来拉动投资增长，具有刺激消费和投资的双重增长潜力。

在新式城镇化过程中，将伴随制度创新和实践创新，推动农村生产方式二次变革，很有可能结合农民土地使用权流转改革，通过引导农民走股份合作等方式，重建利益一体化的新式集体经济。这有利于解决农民单体经济抗风险能力弱、嫁接市场能力弱、取得金融支持能力弱和整体发展能力弱等不足，使农民、农村和农业生产力真正通过制度创新得到极大解放和提升，居民收入水平和生活质量相应提高。

如果说上个世纪农村家庭联产承包责任制改革是打破大锅饭式集体经济的僵化局面，释放农民生产积极性，适度解放农村生产力，那么，以新式城镇化建设为契机的新一轮农村改革，将更多着眼于进一步改善农村生产和生活方式，更大程度提升和放大农村生产力。在这个过程中，“城镇化”需要我们去深刻理解，它不光是未来整个中国经济的希望，也会成为下一步改革很好的载体和切入点，会是未来一个时期经济工作的主战场。

**企业发展的动力源在哪里？**

经济建设包括市场运行，其实根本都是通过企业来实现的。所以，要更多关注和研究企业、尊重企业和依靠企业。

那么，企业发展的动力源在哪里？在科技创新和金融创新。美国经济成功有两个轮子：一个是科技创新，另一个是金融创新，并且金融创新的着力点应该放在资本市场，也就是最近几年我强调的资本化和金融化。小平同志生前就讲过“金融是现代经济的核心”。现代经济是金融经济，这是世界经济大势，不以我们意志为转移。世界经济都姓“金融”了，我们的企业还是满足于做“世界工厂”和“加工车间”，在世界再生产链条和国际分工中怎么能不被动呢？而前述的经济问题中，企业资金供给和社会投资增长问题就是回避不了的金融滞后问题。所以，我就从“三驾马车”的角度，提出了资本化和金融化的概念。

**资本化为经济转型发展提供新动力。**

资本化，就是从企业股份化开始的，以上市公司为主体、以资本市场为依托、为转变经济发展方式提供平台和机制、为经济发展提供增量支持。资本市场在机制上和资金供给上提供增量支持和保障，解决经济发展的增量拉动和结构优化问题，是提供经济增长动力的直接融资概念。资本化加速资源聚集，优化资源配置，是社会经济快速发展的重要机制，是经济增长的一种有效的动力供给机制。这一点连痛恨资本主义的马克思都给予高度认同①。

中国几十年来靠银行贷款、间接融资来支持经济建设和经济增长，这个模式在近年来开始显现疲态，逼迫我们思考开辟社会经济发展的资金供给新路径、新渠道。所以，直接金融、资本市场直接融资也就当仁不让地要登上经济发展的舞台。资源资本化、资本经营和资本运作变得越来越重要。股票市值占GDP的比重显示中国经济证券化率在50%左右，中国数千万家企业中股份公司还很少。

① 马克思说：“假如依靠单个资本积累到能够修建铁路的程度，估计直到今天世界上还没有铁路。通过股份公司集中资金，转瞬间就把这件事完成了。”

在劳动力、土地、资本和技术四大生产要素中，我们还有资本和技术两个要素具有巨大可挖掘潜力。

**金融化为经济稳定发展提供新的保障手段。**

金融化，是资本化的金融衍生，它带来了世界经济若干新的变化，为我们提供了参与国际竞争的新工具和新手段。主要是解决经济发展中的金融服务和存量保护问题。我们对增量问题研究的比较多，为经济增长提供资金供给、保投资增长，这是增量概念；很少有人去想存量保护问题。

存量保护是什么概念？就是在金融手段的保护下，让实体经济生产出来的财富价值不缩水，让经济或财富存在形态更合理、可持续，让经济发展和企业发展不受外部市场波动影响而持续保持稳定。

为什么会存在缩水现象？因为现在经济国际化、全球化了，相应的价格波动也国际化了，国际市场发生大宗商品的价格波动，中国不可能置身事外。你看那些大宗商品，国际上怎么变，中国也怎么变；或者中国怎么变，国际也怎么变，是一体化的。因为这个国际环境全球化、信息化和金融化紧密结合在一起，市场瞬息万变，实体经济就出现了金融化的趋势，就是金融要素创新加快，金融工具创新加快，金融以及与之相关的市场变化让你应接不暇。

由于金融机构、金融产业、金融市场、金融创新高度发达，对世界经济的影响力越来越大，使实体经济活动、商品价格的变化已经不仅仅取决于供需了，越来越取决于金融市场的金融投资影响，金融力量开始左右世界经济。这个态势下，谁能应用好现代金融工具进行资产管理和配置,做好风险对冲和风险管理,谁就居于主动地位。

**不改善金融结构,中国经济将没有出路。**

经济金融化还必然带动和要求金融市场和金融服务高度发达有效。也就是说,当今经济格局下,没有发达的金融市场、金融业和金融服务,一个国家就没有金融要素和资源的有效配置基础,就没有金融创新力,实体经济运行就缺乏体制机制保障。我们现在遇到的很多经济问题在一定程度上就是因此造成的,说明我们没有很好地顺应全球经济金融化的潮流。比如,中国所面临与最担心的通胀加剧与泡沫破裂问题,是典型的要素转化机制不畅问题,反映了金融市场的短板和金融资源配置的不合理。通过建立一个强大有效的资本市场,丰富资本市场体系和功能,就能够很好地实现包括金融资源在内的各种要素合理配置流动,就能够有效消除经济发展中的肠梗阻。

比如,2008 年金融危机爆发时,严重依赖煤炭资源的山西经济就陷入了负增长。而 2012 年煤炭价格大幅度下降后,山西煤炭企业又一次陷入利润大幅度下降局面。类似的现象,在中国很多地区、很多领域不同程度存在着,且不断重复着。这些都是实体经济缺乏金融风险管理来保护的结果。所以,非常赞同郭树清同志的一句话:不改善金融结构,中国经济将没有出路。

**从新旧三驾马车比较分析中,看资本化和金融化的基础性作用。**

在“旧三驾马车”思维下,大家的兴奋点集中在扩大投资、消费和 GDP 的增长上,对发展的方式、结构、机制等可持续方面的投入不够，解决社会融资体制和机制问题(动力和保障问题)的思路不宽、办法不多。即便需要资金也局限在依靠政府投资和银行贷款，资本市场可提供的直接融资长期得不到有效发展，相对滞后于经济发展水平和需要。而提出"新三驾马车"思路，强调的是兼顾增长和结构，兼顾增长和发展，兼顾增长与动力，特别是强调经济的资本化水平，主张大力发展资本市场，使金融市场的资源配置功能得到充分发挥，无疑提升着市场经济的能量。这是解决最近几年来全社会流动性严重过剩、但社会实体经济投资却患上严重饥渴症这一矛盾的有效路径。近年来国家虽然不断重复强调要引导民间资本进入一些急需发展的行业扩大投资，但是，由于没有发达的资本市场和资本化机制做支撑，民间资金仍然转化不力。这就是我提出资本化和金融化为战略支点的出发点。

### 4. 根本出路在于解放思想、深化改革

> **华夏时报**：*您说中国经济处于一个大的转型期，又面临城镇化、市场化、资本化和金融化浪潮。怎么理解这就是化解中国经济结构性矛盾和实现成功转型的希望？*

**孙才仁**：我们面临的形势挺有意思：真可谓挑战前所未有、机遇前所未有。

**前所未有的挑战：三大风险考验。**

我曾经讲过：时代在变化，我们要认识到这个时代可能和正在

发生的重大变化，和平与发展这个时代的主题在某些方面正在发生重大变化。在这个前提下，尤须注意到当今中国面临着史无前例的三大考验：一个是经济转型面临着史无前例的严峻考验，一个是执政党的建设面临着史无前例的严峻考验，一个是国际斗争面临着史无前例的严峻考验。

把握当代中国面临的世情、国情和党情，就是要认识到，现在的中国一方面转型的风险和挑战严峻地摆在面前，各级政府和广大企业在传统思维和既有经济体制机制下转型转得很艰难，大有山重水复疑无路之惑。另一方面我们又客观面临城镇化、资本化、金融化和市场化改革深化的潮流，面临全社会对深化改革的强烈期待。

提出"新三驾马车"理论思维和市场化、资本化、金融化的体制机制构想，就是力求从中长期经济运行体制和机制的角度思考科学发展、有效发展、有质量发展和可持续发展问题，就是要用好前所未有机遇之矛来应对前所未有挑战之盾。当然，难也难在这里，提出"新三驾马车"理论思维，只不过是找到了经济转型一种理论路径，并不意味从此就一片坦途了，它的有效运行必须仰仗深化改革。

**"托克维尔效应"警示我们加快改革。**

法国历史学家托克维尔在《旧制度与大革命》里讲过"托克维尔效应"问题：就是制度落后必然导致社会颠覆，就是压力与反抗的关系。法国大革命发生在经济社会发展较快的地区而不是落后地区，或者说近年来非洲动荡发生在从落后走向发展的地区；揭示了除去手铐的人民更急于解除脚镣。

这说明：物质文明的提升必然转向精神文明需求的提高。思想解放和视野打开的人民，会对旧的制度和制约更加不满。部分民营企业家资产转移国外，表明对政策的担心，对市场经济环境的不满；少数官员的不作为不担当，表明吏治存在问题；经济发展了，但问题交织纠结，表明旧的经济体制、制度、运行机制和管控方式已经落伍于时代进步。社会矛盾会不断地在运动中、在不断高一级的层面发生偏离和纠偏的运动。政府与市场、公平与效率的平衡点正在发生倾斜，中国进入了一个需要新的平衡和扬弃的时间窗口期，固守是没有出路的，现在改革的主动权还在政府手中。

**根本出路在于解放思想、深化改革。**

习近平总书记说："改革开放是党在新的历史条件下领导人民进行的新的伟大革命，是决定当代中国命运的关键抉择。只有改革开放才能发展中国、发展社会主义、发展马克思主义。"他在中央党校建校 80 周年讲话中又说："很多同志有做好工作的真诚愿望，也有干劲，但缺乏新形势下做好工作的本领，面临新情况新问题，由于不懂规律、不懂门道、缺乏知识、缺乏本领，还是习惯于用老思路老套路来应对，蛮干盲干，结果是虽然做了工作，有时做得还很辛苦，但不是不对路子，就是事与愿违，甚至搞出一些南辕北辙的事情来。这就叫新办法不会用，老办法不管用，硬办法不敢用，软办法不顶用。我看这种状况，在党内相当一个范围、相当一个时期都是存在的。"

当前经济社会矛盾和挑战多，工作难做，转型艰难，并不是我们的能力弱了，而是经济社会发展到新阶段新水平后，我们遇到了新问题新挑战，对深化改革提出了新需要。我们面临诸多的经济问题，具体看都不是没有破解之法。但是，如果实践中不推进深化改革，每一个旧问题的解决不仅难度加大，而且还会带来新问题。这就是我们一路看来的改革开放的过去式和将来式。30多年过去，我们必须像经济转型一样，在改革上也要"转型"，思考一个带有全局性的更大更深刻的改革。因为，我们现在处于一个特殊的改革敏感期、深水区。

李克强同志讲：改革的潜力确实巨大，但改革进入了攻坚期、深水区，改革是动力，也是难题，推进改革还要继续解放思想。他还强调"改革如逆水行舟，不进则退"，"不干事可能不犯错误，但要承担历史责任"。从"旧三驾马车"的理论思维和计划经济的固化模式中挣脱出来，不是一件容易的事，根本出路在于解放思想、深化改革、扩大开放。如果说不转型，中国经济可持续将没有希望，那么，不继续改革、不深化改革，中国经济转型将没有出路。我们到了再一次解放思想、再一次深化改革的时候了。变转型期的挑战压力为动力和机遇，关键在于推动改革开放渡过深水区、取得新突破。

## 5. 经济体制改革的核心是深化经济市场化改革

**华夏时报**：*如果说转型成功要靠"新三驾马车"，那么，"新三驾马车"要有效运转又必须依靠什么？*

**孙才仁**：我们的"旧三驾马车"之所以失灵，就是因为没有一个好的市场配置资源机制支撑，机制建设滞后，动力供应不可持续。工业新型化、信息化、城镇化和农业现代化，都需要社会资金等资源要素合理流动、科学配置，资金有序供给和流动是根本。但是，现有的市场体系和机制以及现行的政府宏观调控之手不能给予有效支撑。

毋庸置疑，中国的市场经济建设取得了巨大成绩。但是，我们也不能回避，在建设社会主义市场经济的过程中，近些年来，我们的各级政府有形之手不知不觉中变得更硬，各级干部对权力的不舍程度甚于以前，市场经济无形之手在压抑中艰难成长。一方面社会经济发展强烈渴望市场之手发挥作用；另一方面市场压抑、金融压抑、企业歧视等问题纠集。所以，党的十八大报告明确提出深化经济体制改革的核心问题是处理好政府和市场的关系，要在更大程度和更广范围内发挥市场在资源配置中的基础性作用。我理解，主要目标就是推进经济市场化进程，创造政府和市场之间关系的新和谐。

**推动政府与和市场新和谐，解决错位、错配问题，更多依靠市场的力量搞建设搞发展。**

经济体制改革核心在于经济市场化改革，它将再一次解放和提升生产力，激发创新力，经济转型的成功唯有寄希望于此。

首先，增加市场的话语权，强化市场公平性，打破垄断的藩篱，不会影响政府权威，反而会破解很多难题。如产业升级、新兴产业培育、产业过剩、金融歧视和发展不平衡等问题。

其次，推进经济市场化改革，将极大减少权力寻租空间，权力少了、没了，对腐败是釜底抽薪，有助于推进吏治，从源头推进干部廉洁自律，进而提高政府服务效率[1]。

第三，减少政府在微观经济生活中的事权，政府官员从繁忙的审批事务中解脱出来，更多精力用于学习、基层调研和思考问题，更好地凝聚社会智慧，出台更好的宏观调控政策，更好发挥引导和推动作用。

第四，通过经济市场化改革，还会使政府腾出更多物力和财力，关注民生、社会福利和环境建设，促进政府职能归位，防范财政走入债务危机轨道，为未来应对老龄化、减税、外部危机等挑战留出余地。

当前，中国经济超越"转型陷阱"的强烈需要、经济工作艰难前行的严酷现实，已逐步激起人们对深化经济市场化改革的强烈新期待。就连基层政府主官们也开始意识到"让市场发挥力量"的时候已经到来。所以，改革已进入了经改和政改协调推进的阶段，进入到最佳时间窗口。关键是各级党政干部是否愿意站在国家前途命运的历史高度，果断放弃习惯了的思维和用惯了的权力，抓住并用好经济市场化改革这个重要切入点和难得机遇，适时推进配套改革，既要加强顶层设计，又要尊重群众首创和鼓励基层首创。

---

① 寻租者不必为国家与民族的将来负责，因为资产已经转移，不必为未来的政策负责，因为他们将所有的政策撕得千疮百孔。新加坡经济发展有目共睹，新加坡的国有经济在国民经济中占有很大比重。国人前往新加坡虔诚取经，往往只看到政府强有力的控制力量，却忽略了新加坡模式的核心：严厉的法制、企业内部运作的绝对市场效率优先，使该国成为寻租率较低的国家之一。行政权力绝不插手资源配置，绝不插手企业的具体经营，积极向国际开放，成为与中国香港地区一样的低税的金融贸易岛。参见叶檀博客《市场经济取向的改革还需做什么？》，2013 年 1 月 14 日。

### 6. 最大风险是思想僵化、作风蜕变、本领恐慌

**华夏时报：**在您看来，中国经济转型面临着诸多难点，而这些难点是可以通过打造“新三驾马车”和深化经济市场化改革来化解的。那么，中国经济转型和深化经济市场化改革的难点和主要风险会是什么呢？

**孙才仁：**习近平总书记去年上任后不久曾讲到两点论，他提出了要一分为二地看形势：一方面看到有利因素，另一方面看到不利因素。他特别强调从最坏处着想，做充分准备，争取较好的结果。我觉得这个思想对我们做好具体工作太重要了。我们不仅要看到困难，更要从最坏处着想。作为经济工作者，我们要看清经济工作存在的难点，认真思考解决之策，扎实工作，努力破解，这正是我们近年来结合一线工作实践，提出“新三驾马车”理论思维的动因。但是，这并不是说以后经济工作就一帆风顺了，相反，我们必须认真思考导致经济工作存在诸多难点和解决问题效果不佳背后潜藏的风险。

如果讲风险和原因，涉及多方面，但最主要的是解放思想力度不够，深化改革勇气不够，化解难题智慧不够，科学发展办法不够，攻坚克难担当不够。

**把体制机制建好，把市场经济环境搞好，真正体现调控而不是把控。**

“旧三驾马车”为什么不灵了呢？第一，短期思维问题。第二，

"旧三驾马车"关注的是经济行为,未解决根本动力问题。第三,政府主导经济生活的思维习惯、思想僵化,导致政府行为和市场经济发育发展是矛盾的、不适应的。很多情况下,我们政府在干企业的事,企业在干社会的事。我们的宏观调控还没有彻底摆脱"面多了加水,水多了加面"的传统。垒积木、干预微观经济事务,这已经不符合日益全球化、信息化、金融化的复杂形势了。吴敬琏先生总结"十一五"期间经济转型没有取得明显成效的原因就是"体制性障碍",强调"旧的经济增长模式所造成的问题愈演愈烈"①。

政府搞宏观经济建设,就是要把体制机制建好,把法治和诚信等市场经济环境搞好,在宏观调控上真正体现调控而不是把控。比如很多县长反映本地企业基本拿不到银行贷款,县域存贷比低到20-30%的可怜程度,但大家总结原因时,几乎都矛头直指金融机构与企业"不结缘",金融支持不够。其实很多县域企业存在着内部管理粗放、基本财务制度和账务不健全等问题,也有少数企业不讲诚信、欠账、赖账,说明基层经济的信用基础较差,不适应现代金融市场服务的规范要求。但是,这些事情长期得不到足够关注和有效解决。

基层政府官员也深知自己的经济经营和操作能力不足,但是

① 吴敬琏先生还指出另外一个在20世纪后期发生的挑战:旧的计划经济体制或者命令经济体制、统治经济体制的特点就是用行政权力维持经济的运行,政府在资源配置中起着主导作用。权力介入和干预微观经济就造成寻租的问题。到了21世纪,虽然商品价格双轨制已经不存在了,但是在其他方面的双轨制又大量出现。比如说银行贷款、土地价格等等,而行政权力对于经济的干预,造成了广泛的寻租基础。解决这一寻租现象的根本性措施就是要实行市场化。参见国务院发展研究中心《经济要参》,2013年第一期。

找不到好的替代办法。我问过一些基层主官，县一级政府财力状况好一点的，每年能拿出3-5亿搞建设，但这些地方“十二五”未来几年投资计划却在200—300亿元左右。于是，政府承担了招商引资的任务，不得不大量负债搞建设。“钱紧”、“项目难找”、“投资难落地”等，成了地方干部的心病，甚至少数人绞尽脑汁做数字文章。

所以，就有专家开始担心：中国一些地方政府会不会重新上演西班牙式的风险？这就是转型期中国经济面临的风险之一。值得我们警惕①！

所以，要实现习总书记讲的没有水分的增长，消除某些领域固有的思维定式，推进诸如“投资体制”之类的改革，也许是道绕不过的坎儿。

比起“市场失灵”的破坏性，政府在现代经济生活中的错位，对于结构失衡、市场失衡和资源错配的责任也不可忽视。金融市场和金融业是我国经济生活中管制最多最严的领域之一，恰恰金融市场至今仍严重存在着结构不合理、风险突显等问题，不能适应实体经济的迫切需要。

---

① 金融狂欢时代，低成本融资与房地产泡沫助长了西班牙的地方政府投资热情。从1995年到2007年间，西班牙的房价翻了三倍，房地产和建筑业贷款占GDP的比重从1992年的10%上升至2009年的43%，其中大部分的贷款是由地方储蓄银行提供，其住宅贷款增加到总贷款的70%。地方储蓄银行在西班牙银行业的市场份额从上世纪60年代的10%左右，上升至2010年的近50%。房地产市场雪崩使地方储蓄银行面临破产，不得不由中央政府买单。西班牙政府为拯救储蓄银行而出资900亿欧元，隐性负债显性化。参见叶檀博客《地方政府如同一个小小西班牙》，2013年2月6日。

**警惕“精神富二代”——思想僵化、作风蜕变、本领恐慌。**

这些问题是经济问题、理论问题，也是干部思想、作风与精神状态问题。

现在我们干部是什么状态？一个说法叫“四种危险”[①]；一个可以叫精神富二代，就是精神腐败、颓废和本领恐慌。有的正在担当社会前进责任的同志，处在一种单纯追求物质财富下的精神贫穷，是典型的精神世界的“富二代”！随着地位的上升，得到的增加，一些同志丧失了年轻时的澎湃朝气、理想追求和工作激情。

现在的诸多问题反映了什么？第一，反映了我们三十多年的市场经济改革有了一定基础，但是，欠账很多，需要深化和拓展的地方也很多。第二，出现这些新老问题多年得不到解决，也是因为我们搞经济建设、搞改革的思路出问题了，思路僵化了或者说不对路！腐败问题来自权力，没了权力还哪来的腐败？所以，习总书记讲“要把权力关进笼子里”。我们都要提醒自己有思想僵化的危险，防范一边唱着改革的歌、一边穿旧鞋走新路。要敢超越、要创新、要发展。面对经济问题的时候，你把过去经验抛得越多、扔得越快，可能你创新的机会、成功的机会就越多，而在政府和市场之间，多放弃一份权力，市场就会多一份活力。我们不应用30年前的眼光来看待今天的市场经济。

① 胡锦涛同志在纪念建党90周年讲话中指出，我们党“面临许多前所未有的新情况新问题新挑战，执政考验、改革开放考验、市场经济考验、外部环境考验是长期的、复杂的、严峻的。精神懈怠的危险，能力不足的危险，脱离群众的危险，消极腐败的危险，更加尖锐地摆在全党面前”。

## 7. 人类还没有发现比市场经济更好的经济制度

**华夏时报：**您一直强调经济市场化改革，但是欧美日经济体又在回归政府调控经济的作用，市场也有失灵的时候，金融危机中大家都比较推崇“中国模式”。您是如何理解推进经济市场化改革这个命题的？

**孙才仁：**当前，推进中国的经济市场化改革，既必要，又迫切。中国证监会资深专家祁斌同志对改革的紧迫性有个很贴切的比喻，他说：改革和社会问题犹如孩童时唱的“两只老虎赛跑”，我们要让改革这只老虎比社会问题这只老虎跑快一点。在当今世界都在猜测未来中国和印度哪个国家能崛起的时候，我们要切记大国崛起需要不断改革体制机制（祁斌语，2013 年）。

改革才有活力，改革才有出路。未来的大国崛起不是猜出来的，而是干出来的，是改革释放的生产力和经济活力支撑起来的。而下一轮改革无论涉及多少个层面和环节，焦点就是推进经济市场化！这是国人的共识，也是基层广大百姓和企业家的共同呼声。

**市场经济并不完美，但目前人类还没发现比市场经济更好的经济制度。**

经济学家茅于轼说过：市场经济虽然有毛病，但人类还没有找到比市场经济更好的制度。今天围绕市场化改革之争论，犹如三十多年前围绕改革开放之争论，其实反映的是固守既得利益与获得更大发展之间的得失观差异，是要权力还是要发展的政治选择问题。我们知道，反对市场化改革的人和倡导市场化改革的人都有自己的理由。但是，这里说到底是对权力和既得利益的留恋问题，是对新事物的"怯生"、"欺生"问题。比如，对市场化可能加剧经济结构失衡和社会不公等的担心，其实也是多余的。这就好比我们当初搞中外合资企业时担心卖国、国将不国；就好比加入 WTO 时担心中国企业会被冲击的一败涂地、一塌糊涂[1]。

市场经济不是万能的，我们不应也不能寄希望通过市场经济和市场，彻底解决中国经济和社会生活面临的所有问题。相反，我们要发挥社会主义制度的优越性，在"五位一体"总体布局下，协调推进经济、政治、文化、社会和生态等各类文明共同进步。所以，很赞赏吴敬琏先生提出的"社会主义市场经济"就是"社会公平+市场经济"的论点。客观地讲，市场经济本身作为一种经济体制和机制的概念，它应该偏重于经济基础层面，没有资本主义和社会主义之分的。即便如此，市场经济不是万能的。所以，社会主义国家在建立这种经济体制和机制的时候，要通过国家体制制度的优越性适当弥补市场经济的不足。其实，即使资本主义国家的市场经济也经常是在国家干预下运行的，似乎就没有完全意义上的现实市场经济存在。用社会主义解决"社会公平"，用市场经济解决

---

① 加入 WTO 以后，除了 2009 年世界经济危机的影响出现负增长之外，从 2001 年到 2011 年，中国每年进出口贸易都增长 20%以上，有的年份甚至超过 30%。例如，2010 年，中国的对外贸易增长 34.3%，2011 年增长 22.5%。2007 年，中国的外贸顺差达到当年 GDP 的 8%，进出口总额占 GDP 的比重高达 60%以上。后来的贸易顺差有所减少，但到 2011 年，顺差占 GDP 的比重仍为 2.1%，贸易总量占 GDP 的 50%。这个比例，比日本、欧盟、美国等世界主要经济体都要高的多。姚树洁新浪博客 2012 年 12 月 24 日。

"经济效率",这是一个很好的组合,是社会主义市场经济的应有之义。科学认识社会主义市场经济,对于我们下一步推进政府机构改革、机构职能改革和深化金融改革,创造政府与市场新和谐,都有重要指导意义。

**金融危机与市场失灵不能划等号。**

市场经济作为一种经济体制机制和制度,它本身是没有政治色彩的。资本主义国家可以采用市场经济方式,社会主义国家也可以。不要把市场经济视为资本主义的产物,也不能把资本主义视同市场经济。同样,2008 年金融危机也不能归因于"市场之手",相反,这次危机更是"人祸"所致。因为导致危机的直接根源恰恰是反市场经济基本原则的,如违反了市场经济强调的公开、公平、公正三原则,践踏了市场经济的基础——诚实信用原则等等。金融危机爆发后,欧美国家出现的反市场经济论调和行为,充其量只能说是经济学派之间的较量,或政治派别之间的斗争插曲,并没有从理论上对危机根源做出科学的解读。所以,我在本书开篇就讲了危机后整个世界处于一种"迷茫"。

即便市场之手有失灵的时候,也不能牵强附会地把此次金融危机与市场经济划等号,更不能因为美欧发生了金融危机和舆论的反市场论调而质疑中国特色社会主义市场经济建设的成就,迟滞深化经济市场化改革步伐。否则,就是上了当。与欧美相比,中国的市场经济不是发展过度了,而是远远不够,远不能适应开放了的中国经济发展需要。如前所述,中国经济发展中面临的一系列新老问题,恰恰是因为我们的市场经济发育不足。

**宁要发展了的不平衡，也不要贫穷的平等。**

改革总是会伴随两种不同声音的，但是，事实胜于雄辩。反对市场化改革的人常以“加剧收入分配不公，导致贫富差距扩大”为由。

邓小平同志生前说过：贫穷不是社会主义。我们这一代人见证了中国僵化体制下的贫穷和改革开放后的发展与富裕，见证了社会主义市场经济建设成果。我们完全没必要担心深化经济市场化改革造成什么新的不公。

不平等与不平衡不能划等号。经济市场化与不公平更是格格不入的对头，而非市场化、垄断、腐败却容易与不公平、不平等相生相伴。市场经济就是一种在平衡与不平衡之间往复运动的经济形态。市场化条件下的不平衡更不同于计划条件下的不公平。当今存在的不公问题，原因是多样化的，根本还是体制不合理问题、市场机制不发达问题，也是生产力和经济不发达的结果。这里说的体制，恐怕还与投资体制关联密切①。

解决分配不公、市场机会不公、收入差距悬殊、贫富差距等问题，是未来中国经济社会继续前行所不可回避的问题，也是全面建成小康社会所必须解决的问题。但是，我们是要一穷二白的平等和平均主义，还是容忍水涨船高的发展中的不平衡？相信大家都有自己的评判。经济市场化改革根本是要缩小和烫平不平衡，也不会加

---

① 吴敬琏先生认为：GDP分为两部分，一部分是投资，一部分是消费。投资的比例不断提高，劳动者消费的比例不断降低，这就造成了资本收入越来越大，而劳动者收入越来越低，于是就造成了两极分化的现象。对“十一五”为什么在转变经济增长方式上没有取得明显成效做了系统研究，最后得出的结论是因为有体制性障碍。参见国务院发展研究中心《经济要参》2013年第一期。

剧不公平，反而会减少垄断和腐败，更好地实现资源优化配置，加速改善不平等，更快更好地实现全面建成小康社会目标。

**“预则立，不预则废”——理论创新重要，政治智慧和勇气更重要。**

中国有句古话，叫“预则立，不预则废。”一个大时代的开始，一个新的改革创新时代、转型时代的开始，需要先“预”理论和思想。上个三十年改革开放的顺利推进，得益于我们有一套正确的思想路线，有一套正确理论的指导。“最重要的是勇于推进实践基础上的理论创新”，这是十八大讲的原话。1978 年改革前后，掀起了真理标准的讨论，那不只是讨论真理，也是讨论理论问题，讨论路径问题。理论问题不解决，改革没法科学有效推进。现在流行“顶层设计”的说法，我觉得首先要解决好理论创新问题，它是顶层设计的前提和基础。而理论创新绝不是在办公室能解决好的，一定来自基层实践创新和经验的总结。基层什么情况？我看到的是政府比企业还忙，企业比谁都难，大家都在迷茫，都渴望变革，连政府官员都觉得必须深化改革了。

2012 年 7 月 10 日《人民日报》一篇署名文章这样说过：走自己的路，谈何容易。每一步创新，都面临着保守僵化的教条和超越阶段的激进的双重挑战；每一次突破，都曾遭遇继承和发展、现实与长远、渐进与闯关的两难选择；每一项决策，都可能要触动既得利益的奶酪，迷失于“做蛋糕”和“分蛋糕”的众口难调。

客观地讲，未来的深化改革，思想解放肯定比上一次思想解放还难。三十多年前那个时候大家光着脚，饿着肚子，小平同志振臂一呼思想解放就有饭吃，它就容易解放。现在是什么状况？我们现在不是光脚了，西装革履穿上去了，有钱了，身边坛坛罐罐多了，有一个舍不舍得扔的问题。我们的政府部门现在权力是越来越大，责任越来越大，工作人员是越来越忙了，这不符合历史规律和时代潮流。而让权力拥有者放弃权力，让改革者改自己，这恰恰是最难的。所以，中央强调必须以更大的政治勇气和智慧，不失时机深化重要领域改革，坚决破除一切妨碍科学发展的思想观念和体制机制弊端。对此，理论创新重要，政治智慧和勇气更重要。

## 8. 深化改革需要顶层设计，更要立足实干

**华夏时报：**站在基层经济工作者的视角看，您认为应如何推进经济市场化改革？能否就经济市场化改革提出几个抓手？

**孙才仁：**我只是从一个基层经济工作者的视角，谈谈自己对深化改革的学习感受和期待。“顶层设计”思想强调改革要有总体设计和路线图、时间表。这个都体现在十八大精神里，特别是十八届二中全会进一步明确了深化政体改革和政府机构改革的抓手①。

① 十八届二中全会强调：行政体制改革是推动上层建筑适应经济基础的必然要求，要深入推进政企分开、政资分开、政事分开、政社分开，健全部门职责体系，建设职能科学、结构优化、廉洁高效、人民满意的服务型政府。要以职能转变为核心，继续简政放权、推进机构改革、完善制度机制、提高行政效能，稳步推进大部门制改革，减少和下放投资审批事项、减少和下放生产经营活动审批事项、减少资质资格许可和认定、减少专项转移支付和收费、减少部门职责交叉和分散、改革工商登记制度、改革社会组织管理制度、改善和加强宏观管理、加强基础性制度建设、加强依法行政。要处理好政府和市场、政府和社会、中央和地方的关系，深化行政审批制度改革，减少微观事务管理，以充分发挥市场在资源配置中的基础性

**未来的改革要加强顶层设计，明确总体目标和实践抓手。**

未来的改革既要顶层设计，也需要基层首创。经济体制改革的大方向是要推进经济市场化。由于现代市场经济体系高度系统化且复杂，中国经济也由30年前的初级和粗放走向精细和成熟阶段，且经济改革和政治改革必须同步进行，所以，任何一项重大改革都不能简单勾划、单兵突进，而需要立足全局和长远，系统设计；还有这一轮改革是中国经济转型期的改革，会面临一系列新形势、新情况和新问题，必须有全新的认识和理论思维做指导。这就是我理解的顶层设计。

但是，顶层设计不是简单的上级设计，不同行业领域、不同地区、不同层面区域怎么改？从哪入手改？中国社会这么大、这么复杂，人的素质和经济发展状况差异也是多层次的，在具体操作路径和实现方式上不能千篇一律。因此，应坚持顶层设计与基层首创的有机统一。

党的十八大讲了两个全面：全面建成小康社会，全面深化改革开放。全面建成小康社会是十年目标，全面深化改革开放是路径、手段、依托。在深化经济体制改革方面明确了“七个完善”：就是要完善市场经济体制，完善基本经济制度，完善分配制度，完善宏观调控体系，完善开放经济体系，完善文化管理体制和生产经营机制，完善社会保障体系。这些都是经济体制改革的目标。核心是市场化程度提高问题，是以简政放权、创造政府与市场新和谐为重要

作用、更好发挥社会力量在管理社会事务中的作用、充分发挥中央和地方两个积极性，加快形成权界清晰、分工合理、权责一致、运转高效、法治保障的机构职能体系。

目标，需要深化政治体制和政府机构改革、职能改革的配套。

夏斌教授提出“两大核心”、“四个重点”的思路，作为宏观顶层设计和体制改革，就是以缩小收入差距和要素价格改革为核心，递延推出“土地征地制度改革、社会保障改革、财税体制改革和‘国退民进’改革”。我觉得这有明显的制度改革色彩。

而具有微观抓手和操作色彩的改革设计，当属吴敬琏老先生所说的三个领域：在私用品领域，加快竞争性市场体系的建设，国有经济布局调整，农地改革等；在公共品领域，推动财税改革，市场监管和反垄断执法等；在“第三领域”，发展民间组织和公民社会建设等。

在我看来，还可以从十八大报告关于核心是处理好政府与市场的关系这句话上去寻思，即二中全会讲的“处理好政府和市场、政府和社会、中央和地方的关系，深化行政审批制度改革，减少微观事务管理”等等。着力点应该在行政改革、宏观调控、市场体系、法制环境和市场机制。如二中全会讲的：“四个分开”——政企分开、政资分开、政事分开、政社分开；“四个减少”——减少和下放投资审批事项，减少和下放生产经营活动审批事项、减少资质资格许可和认定，减少专项转移支付和收费；改革工商登记制度，改善和加强宏观管理，加强基础性制度建设。这些都可以作为深化经济市场化改革的抓手。

**基层首创要鼓励创新，要实干、求实效。**

习总书记强调“实干兴邦”，我觉得深化改革更须如此。改革不能毕其功于一役，饭要一口一口地吃，改革要科学设计，更需要实践探索,最佳方案永远都是相对的。顶层设计与摸石过河是不矛盾的。“摸石头”的涵义一是不等不靠,二是积极稳妥地探索前进。所以,该摸的时候还是要摸,不能以顶层设计为由无休止地拖延改革。改革的理由很充分,不改革的借口会更多。我们不妨实实在在地做几件事,从人民群众反响最强烈的问题入手改起,从人民群众最期待的方面入手做起,从经济转型最需要的环节入手做起,问需于民、问计于民、问政于民。比如:

一是解决简政放权问题,由发挥好政府作用转向更好发挥政府作用。不是政府作用的发挥发挥再发挥、强化强化再强化,而是要把权力从中央往地方放一放,从政府向市场放一放,减少行业准入限制,减少业务和项目审批,政府转而做好打基础、建机制、造环境,转向依法监管市场秩序,把力量集中到目前急需的秩序监管、法治监管、诚信监管、安全和质量监管等方面。

二是由政府宏观调控直接面对经济生活,适当转向间接影响和引导经济活动。就是加强机制化建设,由“面多加水、水多加面”的加减法转向综合各种要素和机制的函数法、乘数法,提升统筹协调能力和科学发展能力。

三是解决市场和行业垄断、公平竞争、资源错配问题。让国企和民企同台竞技,让民间资本便利进入那些国有企业做不好的产业和发展领域,让中国企业在国际舞台轻装上阵、放手打擂。

四是补上金融市场短板。尤其大力发展资本市场和保险市场,加快发展民营金融机构,让市场活力和市场配置资源功能得到最大限度发挥。

五是让农民在深化改革中受益，让“三农”问题借助深化改革得到根本性改观。解决“三农”问题不能满足于减税让利，必须从体制机制上取得新突破，从政策和改善农业和农村生产生活方式上着手。今后十年我们能在经济体制改革上做到这些，中国的经济市场化进程就会大大推进，这就是了不起的成就。

**推进市场经济向更高阶段迈进。**

按照我的理解，经济市场化改革目标就是要推进市场经济向更高阶段或者向中高级阶段迈进。

什么是市场经济的中高级阶段？我看到的市场经济的中高级阶段，一个是经济生活中政府事权比重相对降低；一个是作为市场主体的企业更加市场化，更加公平竞争；一个是在推进金融创新的基础上，建立一个发达的金融市场，特别是高度发达的资本市场，为科技创新和实体经济发展提供更加有效的资源配置机制和金融支持与保障。只有把市场特别是把资本市场搞好了，资源配置尽可能尊重市场规律，尽量打开民间资本的玻璃门，让国有和民营经济公平进入、平等竞争，让市场和企业逐渐取代政府在微观经济建设中的作用，我们的转型才有成效，我们的新兴产业培育才有成效。这也是美国在上个世纪走出七十年代滞胀危机的成功经验。

为什么把资本市场作为衡量市场经济发展水平的一个重要考量？因为所谓市场经济，或者说市场机制，不仅是菜市场那样简单的自由买卖，而在于它的资源配置机制和效率，以及它客观存在的风险包容机制和激励机制。而形成这种机制的深层原因，就是通过市场竞争和市场制度提供的接近充分的能更好反映资源稀缺和社会供求关系的价格形成机制。换言之,市场经济的核心在于价格市场化和合理的价格信号。如此说来,什么市场更具备这样的特征呢?显然是资本市场。因为资本市场交易不仅有多层次的市场架构体系,还有相对健全公平的市场交易制度体系,有一套相对完善的市场监管体系和监管制度体系,资本市场还是覆盖面相对最广、受众面最广的市场,还有这个市场以资本和资产交易为重心,以货币计价和结算为主,等等。这些都是其他市场体系不可比拟的。

从 1992 年开始,20 年的社会主义市场经济建设实践,重塑了 13 亿人的生产生活方式和相互关系,改变了中华民族的命运,这是我们有目共睹的世纪伟业。回首过去,我们有的不再是犹豫和彷徨,对于下一步深化社会主义市场经济改革,我们有的只能是更多的自信和坚定!

### 9. “科技+资本+资本市场”帮了美国大忙

**华夏时报:** *美国被公认为世界上在特别时间段内成功完成经济转型的少数国家之一。您能否就美国当初能够转型成功的经验做个概括总结?*

**孙才仁:** 上世纪 80 年代美国大转型成功的奥秘在哪里?在于美国发达的科技创新能力和转化机制,其中,一个重要的机制——高度发达的金融市场给它提供了帮助,最核心的要素是资本市场。

美国上个世纪的滞胀和欧洲的情况很像。美国走出滞胀直接得益于培育了四大新兴产业——电子计算机、通信、互联网、生物工程。这四大产业引导美国主导世界经济四十年，现在美国在世界500强的企业主要集中在四大产业里面。而支撑美国如期完成这次大转型的，就是科技创新和金融创新。换句话说，一方面美国从"二战"开始聚集了全世界的科技精英，是全世界科技创新能力最强的地区；一方面美国有全世界最发达的金融和资本市场，为科技创新提供了优良的土壤环境和动力机制。"科技+资本+资本市场"这个组合，帮了美国大忙。

其实，110年前美国还有一次成功转型，由大批中小企业构成国民经济主体的结构，转变成托拉斯为主导的经济结构，在行业上体现在以钢铁、石油、交通三大行业为主导的一次产业并购式大转型。美国的卡耐基钢铁厂在19世纪末已经是全英国钢铁规模的总和，即使这么一个企业，后来还被摩根公司并购了。摩根最后并购了780多家钢铁企业。而支撑摩根完成并购的就是金融和资本的力量。

美国100多年来完成的这两次转型也是今天和未来的中国要完成的事情。一个是把企业规模变大，要培养一批跨国公司。有报道说中国已经有61家企业进入世界500强了。他们怎么进去的？并购是重要原因，在这过程中资本市场帮了大忙。如果我们五大银行不上市，不可能进入世界500强。第二个，要进行一个从传统产业到新兴产业的转型，经济发展和增长方式要调整，这个过程注定要伴随市场化改革的推进，注定要伴随资本市场的强大。

美国没有经济计划、新兴产业培育计划，是市场经济机制引领和支撑了美国的产业结构调整和经济转型。在发达的市场经济和资本市场支撑下，美国不提“科技立国”却能造就世界第一科技强国。在市场机制的引导和支撑下，美国没有经济计划却能把经济发展得有声有色，充满活力。

10. 推进经济市场化改革，要直面“让渡权力”的挑战

**华夏时报：**您认为推进经济市场化改革的最大阻力会来自哪些方面？

**孙才仁：**我们并不缺乏对改革红利的经验，但永远都需要改革的决心。因为，归根到底，深化经济市场化改革就是要把政府权力适度还给市场，把政府官员的权力关进制度的“笼子”，甚至取消一些不必要的权力。

**权力是腐败的“孪生兄弟”。**

权力是依附于人性的，失控的权力不仅腐蚀干部，还造成了社会不公、市场不畅、社会资源配置不合理和国家资产损失浪费，最终导致亡党亡国。所以，习近平总书记强调反腐败：“一个是要经常抓，一个是要长期抓”，要“把权力关进制度的笼子里”。治理腐败，就是要盯住权力做文章，最好的办法是减少政府事权，特别是在经济生活中的微观领域，市场和社会能办的事，政府要放手，这才是治本之策。铲除腐败，重在让渡权力，既要铲除滋生腐败的土壤，也要消灭腐败的种子。现阶段，给权力体系动手术，也是经济社会前行的需要。

**通过简政放权可以推进经济市场化进程。**

近些年来，各级政府自上而下取消了不少行政权力。我们可以看到，没有权力的方面，腐败自然就失去了土壤。大家会担心政府放弃干预权后，市场会不会失控。其实，这种担心是多余的。以我工作的中国证监会来看，近年来大量减少行政许可事项，不仅深受资本市场各方面欢迎，而且也使系统内广大领导干部有更多精力搞调研、抓改革、促发展。减少行政权力后，重点监管工作更到位，不仅没有使市场发展失控，反而市场活力得到增强，改革发展得到强有力推进。

我们山西证监局以减少审批、简化审批为抓手，放松管制，淡化权力；党委从关心干部职工生活困难、工资待遇、政治前途，给干部提供学习提高、干事出成绩的机会以及对突出成绩者的褒奖和重用等方面入手，把干部的兴奋点引导到干事创业上来，从思想上淡化权力意识；省出时间，领导和干部加强学习调研，2012年我们跑遍了全省11个地市、数十个县，了解了地方经济情况和需求，服务地方经济工作，增进了干部对群众的感情。结果，不仅辖区市场发展秩序越来越好，而且得到了行业内和各级政府的尊敬和拥护，证券期货行业凝聚力更强，监管部门以真正的服务和先进理念的引领，赢得了更大的市场权威和社会影响。

通过实践，我切实感受政府部门的地位不仅仅靠权力，政府的权威不仅仅是靠审批。作为人民公仆，做企业的服务员，同样有地位，受尊敬。政府和市场之间应该加强互信。

## 11. 深化经济市场化改革和转型发展的潜力巨大

**华夏时报：**您说过当前是深化经济市场化改革和转型发展的最佳时间窗口，能具体说说为什么吗？

**孙才仁：**我们的深化改革正处在一个难得的启动时间节点上。这不仅是因为我们已经有了搞市场经济的基本经验，以及市场经济能量初步长成所提供的深化市场化的基础支撑，还因为在新一轮城镇化建设即将启动的重要时刻，基层政府经济建设对市场化运作客观地有强烈的需要。我们目前还拥有很多可以带动和推动市场化改革的潜力和优势。及时启动深化经济市场化改革，就能变潜力为优势，让潜在优势变成转型发展的现实动力。而拖延深化改革，经济转型就会停顿、走弯路，甚至掉进"转型陷阱"。

**深化改革、实现转型，中国尚有巨大潜力和优势。**

一是收入水平潜力。不要怕落后，落后也是机会，要看前景。目前我国尚处于中等收入阶段，尤其农民收入可提升空间巨大，完全可以在新一轮城镇化和产业化进程中得到发掘。

二是消费水平潜力。我国有13亿多人，8.9亿农民。

三是投资水平潜力。我们的投资最大潜力在城镇化和农业现代化，城镇化率号称51%，严格意义上讲不到40%。

四是产业升级潜力。产业升级没有八年十年努力是不足以见成效的，以创新驱动的产业升级任重道远。

五是市场化改革潜力。仅从政府简政放权一项看，我们的经济活力和资源配置效率改善空间就太大了，加上资本市场功能提升的影响，就更能显示出市场化改革的正能量。

六是中小企业、民营经济潜力。随着垄断的进一步打破和金融支持的逐步增加，给民营企业一片蓝天、一块发展空间，它们将创造巨大经济空间。

七是区域平衡发展潜力。李克强同志讲了，中国未来最大的回旋余地在中西部。中西部潜力不仅仅在其本身，在于它为我们国家提供了未来民族伟大复兴的一个新通道。比如新疆发展了，繁荣了，稳定了，我们才可以建立亚欧大陆真正的后方、起点。

八是人民、企业、社会的期待。大家对改革、生产和生活改善的期待仍在，大家还有梦想。特别是对新一届中央集体和新一届国务院领导充满期待，对深化经济、政治、文化和社会等改革充满期待，这是值得我们倍加珍惜的。

九是党政干部作风改善潜力。8000多万党员干部，如果有个好的机制调动他们的工作激情和创造精神，对经济社会改革发展的推动而不是阻碍作用将是巨大的。

十是相对和平和相互依存的国际空间仍在。和平与发展的时代主题还在，尽管结构已经发生变化。深化改革、扩大开放、加快转型、做大做强，留给中国的时间已非常宝贵。

**现在是有形之手向无形之手适当交班的时候。**

值得欣慰的是，经过30多年改革开放的积淀，现在已经具备了让市场和社会多承担一些经济社会发展事务的条件，采取治本之策，经改与政改同步推进、有机互动的时机已到。

一是伴随改革开放和发展的经验积累，以及对当前经济社会纠结的困惑，全社会对深化改革期待日趋强烈。

二是经过 30 多年改革开放的洗礼，广大党员干部思想意识和知识结构总体上今非昔比。推动改革前行，将得到各级党员干部和人民群众的支持。就像这次中央提出八项规定，各级干部积极响应一样，改革在政府官员层面是没有根本阻力的。大家都在等着改革的发令枪响。在某些领域，自上而下的改革也许会收到好的效果。

三是作为此轮市场化改革的重要方面——市场经济成分和力量初步长成，在政府有形之手和市场无形之手两者关系的此消彼长中，后者明显长进，逐步具备了部分替代有形之手的能力。所以，宏观上加强顶层设计，微观上减少行政干预，现在是有形之手向无形之手适当交班的时候了。

今后 5 年是推进市场化改革和做大做强市场经济的最佳时间窗口，切不可错失机遇。

**判断经济市场化改革成效的办法很简单。**

深化经济市场化改革任务艰巨，但是，判断改革成效并不复杂。其中，改革行政审批制度将是有效的抓手。正如李克强同志代表国务院向社会郑重承诺的，本届政府将下决心将 1700 多项行政审批事项削减三分之一。今后，一个地方向中央部门打报告请求审批的事情少了，这就是行政审批制度改革见到成效；过年过节来送礼看望政府官员的人少了，这就是市场化改革有成效；一个行业里既有国有企业，也有民营企业，大家公平，有序竞争，带来价格更加便宜，供给更加充足、服务更加到位，房子不再难求，车子不再那么贵,贷款不再那么难,就像当初改革一下子让菜市场丰富了那么简单,这就是打破垄断和利益固化藩篱的市场化改革成效。是改革的推动者还是改革的拦路虎绊脚石,用权力是否减少来对比,用跑关系人是否减少来对比,用人们对政府的满意度是否提高来评判,甚至用权力寻租和腐败是否减少来检验,就一目了然。

# 第二篇　城镇化提供经济增长新引擎

## 12. 城镇化建设为龙头，“新四化”同步推进

**华夏时报：**我们注意到十八大提出了“新四化”概念，表明中央已经注意到经济工作面临的困难，也提出了解决方案，习总书记也提出不要有水分的GDP，要经济增长的质量和效益。您觉得实现上述目标的最有力抓手是什么？

**孙才仁：**十八大提出新型工业化、信息化、城镇化和农业现代化的新四化同步推进战略，这将有利于在一个新的起点上实现高质量和内涵式增长。我认为其中城镇化是龙头，是中国经济实现转型条件下持续增长的一个重要抓手和引擎。以城镇化为龙头，四化同步推进，既能解决经济转型内需驱动的消费问题，又能解决投资增长乏力、传统产业产能过剩的问题。城镇化建设是与生态改善和民生改善的客观需要息息相关的，做不得假，容不得水分。抓好城镇化建设，有利于保持经济合理增长，进而解决中国经济最大短板“三农”问题，显然是一条很好的建设与发展路径。

**首先，有助于居民收入提高。**

一棵白菜种植时间需要四五个月，一斤玉米种植时间几乎半年，但分别只能卖一块钱左右，而一双旅游鞋、一件中档衣服能卖几百元；一亩地两季收成不过2000元，而一亩地盖楼就是几十上百万元。在这种二元结构下，让接近9亿的农民致富，那是痴人说梦①。所以，我国农民收入增长问题，其实质是长期的农产品“剪刀差”、农业产业化不发达和农民就业不充分以及与之相联系的农业剩余劳动力转移问题，是需要从体制机制上消除“二元结构”。

城镇化带动产业化，通过市场机制引导产业生成来带动，让农民逐步转变为产业工人，加快以产业化为基础的农业现代化和区域城镇化建设，把一部分农业劳动力转移到二、三产业，或使其向城市城镇集中。

一方面，提高城镇化水平，通过转移农村剩余劳动力人口，农村土地才能成块连片形成规模，留在农村中的劳动力才能从专业化、规模化农业生产经营活动中获得更高的收入。

第二方面，农民变成产业工人带来收入提升，比如报纸披露的河南民权县通过城镇化带动产业化，使以往人均土地面积不足一亩、人均年收入不足2000元的农民变成产业工人后实现月均收入

① 30年来农业生产总值累计增长率仅为266%，而第二、第三产业增幅分别高达2208%和2302%；30年前，农业生产总值占GDP的比重为28.2%；30年后，这一比重已降至不到11.3%；自1996年以来，农业对GDP的贡献率由9.6%持续下降，至2007年降至3.6%，相反，第三产业贡献率由27.5%升至2007年的42.3%，第二产业贡献率则由58.5%降至48.2%。到2018年，中国农业占GDP的比重将进一步下降到7%以下。《中国经济网》，2009年2月3日援引《广州日报》文章。

1500–2000 元。

第三方面，使城镇周边的农民直接受到现代工业和城市文明的熏陶，开阔了视野，学到了本领，“既挣了票子，又换了脑子”，从而使农民能够分享城镇化进程所带来的多重收益。

第四方面，如果科学推进农村改革，一定程度解决农民由土地使用权者向财产权拥有者的转变，还可以为农民开辟一条崭新的持久稳定的增收路径。

**其次，有助于需求释放。**

大批农民进入城市城镇，或变身为市民，变农民消费为市民消费，使农民由以往的自给自足转变为相互提供服务，在这个过程中培育了新产业尤其是第三产业和加工业，增加了转型后的农民收入，将直接带动新的需求，拉动经济增长。城镇化率每提高 1 个百分点，就有 1300 多万人口从农村转入城镇。据国家发改委测算，2001 年至 2015 年间，如果我国每年能提高 1 个百分点的城镇化速度，将转移 2.5 亿农村人口，按目前城镇人口消费支出水平测算，即可增加 6000 多亿元的消费需求。而转出的 2.5 亿农业人口，对于继续从事农业的人口来说，则意味着增加 30%的总收入；若用于消费，将增加 5000 多亿元的消费，可带动最终消费支出 1 万亿元以上，平均每年 700 多亿元，并为 GDP 的增长率贡献 0.85 个百分点。不过，刺激消费本身也有学问，没有农民对养老保障的放心，农民市民化的消费释放会很有限。

**第三，有助于投资增长。**

推进城镇化，对于城镇交通、供水、供电、通信、文化娱乐等公用基础设施建设的投资将不断增加。伴随城镇化进程,还必然创办新产业、新企业,发展现代农业,带动相应投资。而消费者从进城及买房后,对于装修材料、家具、家电等具有直接的消费需求,其间接引致投资的影响更是不可估量。推进城镇化,不仅可以培育新产业,还有利于在投资供给与居民消费增长之间形成有机联动,缓解投资过剩和结构不合理问题,可以为过剩产业转型赢得时间。

从基层了解的情况看,一个农村居民城市化可望带动50万元投资,山西一个县城仅需要接纳煤矿采空区搬迁农民就达2万人,引致的投资就高达100亿元。很多县域城镇化和产业化建设近3-5年内将有200-300亿元投资需求,对于拥有100多个县的山西来说,就会形成2-3万亿元投资效果,占全省"十二五"规划总投资的一半以上。有人以农民市民化需要公共负担成本10万元来计算,得出全国再推动4亿农民市民化,需要40-50万亿元投资。实际上,加上社会投资后将达数百万亿元。所以,如果宏观上选准了发展和建设的战略基点,扩大投资需求的张力不是问题。

**第四,有助于把握转型方向。**

"十一五"期间为什么转型效果不理想?是规划转型,是政府在喊转型,企业实际上没有明显转变。特别是美国金融危机爆发,我们仓促迎战,又是各级政府在搞投资,实际上迟滞了转型,同时,民营企业转型搞不到钱。这反映了转型的抓手和动力两方面问题。所以许多地方转得很艰难、很缓慢。比如温州,从"皮鞋事件"开始,转型了十几年未取得明显进展,2011年开始还出现了一批老板倒闭跑路的现象。

按照“四化同步”的新式城镇化思路搞建设，是需求带动转型、需求带动投资的均衡发展，找到了产业和投资的最终需求方是县域经济、农村和农民阶级，是进城的农民工和转型的新市民，就可以逆推出产业转型方向和市场。特别是作为人口主力的农民，通过城镇化带动、产业化支持，提高了收入水平，改变了生产和生活方式，由此会激发出多么强大的消费需求潜力？它的科学性在于，城镇化过程中的大量投资不仅直接与农业和农村生产力提升相关，最后还会落到消费和民生改善上，民生改善了必然带动消费和投资增长。而且，围绕农民就业发展产业，围绕改善农村和农业生产条件推进改革，事情会变得没有那么复杂。所以，以城镇化为龙头的“新四化”建设是转型的一盘很好的棋局。

**第五，有助于优化经济结构。**

城镇化不仅有助于发掘我国最大的内需市场——农村和农业人口，还能校正投资与消费之间的失调关系，甚至有助于缓解“大城市病”。“重投资，轻消费”是我国经济的长期问题，投资需求是一种中间需求，投资形成的生产能力，如果不能进入最终消费就会造成产能过剩。当前传统项目招商难、落地难，运作空间趋窄，引资余地日渐趋小，产业转型遭遇投资和技术瓶颈，周期拖长，发展不平衡，失衡的投资、消费结构必须改变。

城镇化在释放巨大内需的同时，可以实现引导投资方向、改善投资结构和质量，有助于引导经济结构优化。比如，伴随县域、镇域特别是中西部地区的城镇化，东部的产业转移就有了去向和结合点，中西部城镇化既能培育新产业，又能承接东部产业转移的压力。从这个角度讲，对于县域城镇化的产业支撑问题不必过于担心。以就业为目标和以提升城镇承载力为目标的产业投资，通常可以集中发展第三产业、城市公共基础事业，推进农业产业化和现代化等，对于扭转近些年来第三产业和农业下滑趋势有益。

比如，在新式城镇化建设中，只要加大县级城镇和中心镇、特色农业产业的投资建设力度，大幅度改善县以下地区生产和生活条件，就有可能引导部分城市打工族回流。

现在说的中国城镇化率超过50%，是以含有2亿多进城农民工为计算口径的，如此说来真正意义的城镇化水平不到40%。而且，我说的城镇化大头是产业化、农民生活和社会生态改善，可想而知潜力有多大。所以，可以说城镇化是中国经济转型发展的第一驾马车，或者说是中国经济持续健康发展的第一个抓手和引擎。抓好城镇化建设这篇大文章，中国经济持续增长就有了发动之源，结构调整也有望得到推进，是下一步经济建设和发展的一条很好的路径。

### 13. “城市化陷阱”与新式城镇化建设“十不原则”

**华夏时报**：*在全国热议城镇化的时候，人们对于城镇化的担心也开始热起来，担心新一轮人为造城运动会导致房地产市场的过剩和过剩产能的膨胀，担心加剧新老“城市病”、“乡村病”等等。您怎么看待城镇化可能面临的新老问题和风险？*

**孙才仁**：城镇化既是当前中国经济转型中的一个必然的加速

趋势，也将是未来十年中国经济转型发展的最大引擎，这一点毋需怀疑。但是，也有专家提醒防范城镇化"陷阱"。在我看来，陷阱是存在的，未来城镇化建设面临的挑战和风险的确不能低估①。

**是"城镇化陷阱"，还是"城市化陷阱"？**

按照有关专家的解读，中国之所以不提城市化，而强调城镇化，是兼顾到了城和镇两个范畴的科学发展。我国现有县级市、地级市、省会城市级的城市 658 个，县以下级的镇近 2 万个。靠 658 个大中城市扩大接纳农村不断增加的大量转移人口，是这些城市自身难以承受的，过去几十年城市化形成的 2 亿多农民工至今还没有在户籍和待遇上真正实现市民化。所以，显然不能忽视这近 2 万个镇的发展和承载能力（李铁语，2013 年）。这也是我说的城镇化建设应以县域为重点的原因所在。

我理解的城镇化，首先不是城市化，重点不是大城市的继续扩张和人口继续向大城市流动，相反，农民就地、就近实现"城镇化"可能更有意义。也就是说，城市化也要转型，转向城镇化，把高端的城市化转变成大众的城镇化，把中心城市点的城市化转变成面的城镇化。让城镇化与工业化、农业现代化互动起来，让有城市生活经验的人回到自己的家门口。这样一种城镇化，会带动中国工业布局和科技力量布局的变化（王雪峰语，2013 年）。我看到发达国家

① 通常认为，在城镇化率超过 50%以后，伴随经济的和城市化而来的一些新问题新矛盾将集中出现，如城市人口过度膨胀、贫富差距扩大、市民阶层分化明显、城市"污染"加重、城市管理和社会公共设施与服务不堪负重等。这些问题处理不当，不仅加重经济特别是政府压力，甚至可能导致社会矛盾和不稳定因素增加。结果，城市化率提升未必能带动国家发展水平提高。拉美等国家的城市化就是典型。

的很多“农民”没有在大城市生产生活，但是，他们的生活比城里人还优越。江苏的华西村人不在南京、北京工作，但是，他们的生活质量比大城市的人还要高许多。其次不是简单地造城，也不是简单的农民进城上楼，要注意到城镇化建设所要解决的和建设中面临的根本难题是“三农”问题，是改变农民和农村生产生活方式与质量问题，是要解放农村生产力，改善农村生活和生态环境等。这在十八大报告和2013年中央一号文件中都有阐述。所以，我们要防范的是“城市化陷阱”。各地应明确主要目标，因势利导、把握节奏、分步推进，要防范新的城镇化建设中走过去的城市化建设老路。

比如，过去的城市化过程中，已经出现的城镇化率51%，但享受均等服务的户籍人口只有35%的问题。这本身既是矛盾，又反映了城镇化建设已处于“敏感期”，说明不解决农民的城市或城镇户籍问题，就不能实现农民的真正市民化。而解决户籍问题带来的财政负担将是城市政府财政难以承受的。因此，推进城市化和农民市民化还客观地存在着城市政府无奈的“抵触”，存在着新市民与老市民之间的和谐相处问题。如果不顾承受力盲目地向城市尤其大城市放行农村人口，并简单推进户籍改革，就有重蹈欧洲“福利陷阱”的危险[①]。

① 欧债危机形势严峻，不仅对欧元区治理模式带来严峻挑战，威胁到欧洲一体化进程和欧盟发展前途，而且为“福利国家危机论”这个半个多世纪的老话题带来了新内容，“改革福利国家”的呼声再次高涨。造成此次欧债危机的原因是多重的，比如，欧元框架不完善，欧元区成员国发展水平失衡，部分成员国财政纪律长期松弛，公共支出没有坚守量入为出的原则等。然而从深层看，过度的福利和慷慨的保障已使福利国家不堪重负，老龄化的加剧更使财务隐患日益显现，债务货币化正使福利国家亦步亦趋，走向债务国家。替代率是测量和比较公共养老金慷慨度的一个工具，是指劳动者退休时的养老金领取水平与退休前工资收

再比如，近10年城市人口增长45%，但城市建设面积增加近83%，土地城镇化速度是人口城镇化速度的1.85倍，这是不符合中国土地状况的。大城市人口集聚，中等城市发展缓慢，小城镇分散、功能欠缺，城市圈作用得不到充分发挥，小城镇留不住人，建制镇平均承载7000人，部分在5000人左右，大城市功能和管理滞后，农村剩余的主要是中老年人等，带来的“城市病”、“乡村病”，使新时期城镇化建设难以为继（倪鹏飞、李若愚语，2013年）。

**新式城镇化建设的“十不原则”。**

下一步城镇化建设要对困难、挑战和复杂性估计充分。要换思路求创新，不能简单化，不能走极端，不能沿袭过去的经验和做法，必须因地制宜创新实践，统筹规划破解难题。要特别注意城镇化不是城市化，所以，我称之为新式城镇化。并且要注意把握“十不原则”。

一是不能简单沿袭过去城市化建设的老套路，加剧已有的城市病和乡村病。

二是不能急于求成一哄而上，不能搞造城运动，要创新方式方法，多层次多渠道地解决好农民市民化的财力支撑问题，要做长期努力的打算。

三是不能主观意志、凭空规划、理想式发展，不可命令强迫、瞎折腾。要多问问农民，问问城市居民，在与农民的互动中渐进发展，

入水平之间的比率。希腊养老金领取水平相当于退休前工资的95.7%，排名第三，几乎为全球之最，仅次于沙特和2008年底国家濒于破产的冰岛。如按男性个人收入的中位数来计算，希腊养老金替代率甚至出现倒挂现象，高达110.3%，也就是养老金比退休前工资水平更高。参见郑秉文“欧洲国家掉入‘福利陷阱’了吗”，人民网《人民论坛》2011年12月8日。

创新城镇化建设路径和方式方法。

四是不能千篇一律，搞成同质化，要因地制宜，鼓励基层首创。

五是不能简单铺摊子、上规模，造成土地和资源更大浪费。

六是不能只顾农民进城而不顾可持续生存发展，农民丢掉了土炕，不能失去饭碗和保障，不能让农民失去土地或赖以生存的财产。

七是不能孤立造城，而必须科学布局，产业支撑，保障跟进，有机互动。

八是不能只靠政府，而忽视或排斥发挥市场和民间力量，防范城镇化把政府拽进“债务危机泥潭”。

九是不能只顾鼓励农民进城，而不管进城后的农民公平待遇问题，不能完善城市管理，就会造成新的城市病和“城乡矛盾”。

十是不能只顾城市和城镇，而不顾农村、农业和留在农村的农民，避免使失衡的城乡结构更加失衡。

## 14. 新式城镇化建设根本依靠产业化、市场化

**华夏时报**：城镇化的核心是人的现代化和城市化，所以必须以就业为核心，产业为支撑，产业转移和农业现代化是关键。您认为新式城镇化建设究竟应该怎么搞更符合现实需要？

**孙才仁**：关于未来的城镇化建设，现在媒体介绍了很多积极的建议。我走访基层政府领导时，大家觉得最难的是资金财力和建设两方面。

财力方面，不仅建设投资资金需求量大，而且农民市民化伴随而来的公共投资和保障支出的增加，都是现在政府财力所无法支撑的。有人估算一个农民市民化需要8-10万元相应公共财力，按5亿农民市民化考虑，仅此一项就需要财力40-50万亿元。各级政府财力什么都不干，也需要4-5年来完成。如果城镇化建设继续靠政府主导、财政支出、政府投资，很容易搞出债务危机，或延迟进程。

建设方面，城镇化又不是简单的盖楼和农民进城，农民市民化以后的就业等可持续生存发展问题是更重要的课题，必须有适合城镇化的产业化和基础设施及公共保障体系配套。而这些不仅需要大量的投资，还有产业培育自身的困难。

我们又遇到了新的“两难”。但解决这两难，就是要结合改革创新，创造政府与市场的新和谐。具体运作中，要找准切入点或启动点，因地制宜、科学设计、创新融资、有效投资、有效管理、可持续发展；根本要有利于改善农民生活和生产方式，解放农村和农民生产力，让国家受益、农民受益、社会受益。说到底就是两个字：实效。因此，我从基层群众和干部的期许视角，提出“六个必须”：

**首先，必须以产业化为支撑。**

产业化和相关城市公共服务和保障措施配套跟进，是农民市民化的基本支撑要素。目前中国2亿多城市农民工虽然有就业，但是，面临各类不公平待遇和缺乏基本保障问题，农民工实际上没有真正变成市民。下一步随着更多农民和农民工进城，如果没有不断发展的产业和就业支撑，不仅农民丧失自我保障能力，而且会加剧社会公共保障压力和欠账，反而会带来更多新问题。

还有一个问题是，如果强制农民进城，会加重建设成本和社会矛盾。所以，部分地区的城镇化建设，应是一个随着经济建设进程自然演进的过程。一些空巢的村实际上随着时间的推移，将逐渐失去存在必要。所以，无论是城市扩大，还是农村变城镇，重心不在农民是否进城，而是必须因地制宜地发展产业。大城市继续扩大，必须有可支撑产业、可支撑管理能力和基本社会保障能力；农村变小城镇、小城镇变成小城市，也要同步发展产业。农民离土不离乡，也需要农村产业化发展起来，就地解决就业，提高收入[①]。

在广大农村和县以下区域发展产业有两个好处：第一，产业不要往大城市再集中，特别是在现有的城市管理能力下，大城市不仅人群不要再集中，产业也不要集中。管理和制度不配套的城市集中，面临成本高，空间少，代价大，还造成污染，造成交通拥挤、运输污染。这些产业和人群放到中小城市空间很大，成本低，可以发展新兴工业，还可以发展新型服务业，传统服务业都行。第二，农村通过产业化既改造了农业，又增加了新的产业集群，扩大了就业渠道。在这个过程中，农民变成了产业工人，农民由过去自给自足的方式变成在相互服务中相互满足，相互支撑。在这个过程中，既要

① 笔者最近走访山西武乡等县区，这里的县长书记对我说：农民增收的根本不在调产、不在市民化，而是要把他们彻底从土地中解放出来，鼓励农民投资、入股、办产业，真正的调产增收是要发展规模农业。生产资料对农民来说意义重大，这就是农民为什么不愿意下山，不是房子不好，而是担心失去土地这个农民赖以生存的生产资料。在城镇化进程中，要大力发展新式集体经济，发展好特色产业，甚至政府可以牵头成立家政公司、保安公司等，使农民有保障地持续增收。

发展集体、集团经济，又要调动家庭经营单位的积极性，农民既得到了收入，又享受生活，拉动了消费，这不就是农民小康吗？

城镇化的真正压力是农民市民化以后的可持续生存问题，进而就业问题是根本。所以，各地在城镇化伴随的产业化建设中，应避免政府与企业争利，要以解决农民就业安置为重要目标，政府的职责是尽量做好基础设施配套，让利于企业在当地搞产业搞发展，扩大就地承载农民就业的能力①。

**其次，必须以质量为根本。**

一是坚持四化同步，以城镇化为龙头，兼顾工业化、农业现代化、服务产业和产业信息化，在产业布局上实现科学发展。应倡导以产业化带动城镇化，产业化与城镇化在有机互动中协调发展，打造活力城镇。

二是坚持人的知识化，教育特别是职业教育要跟上。一方面，农民进城后重新择业择岗，必须进行再教育，提升劳动技能；另一方面，教育培训不是万能的，还必须给予适合他们就业的岗位。另外，现在许多农民进城置业是为了子女接受良好教育，所以，地方政府在城镇化建设中还要办好学生教育，教育事业在县城和中心镇可能会成为引导农民市民化的重要动力。学校教育资源集聚了，

① 有记者报道说：在南方，一个地方政府雄心勃勃规划发展当地产业的同时，该地一家技术水平国际领先的节能设备公司却在考虑要不要去美国投资办厂，原因就是"美国亚拉巴马州主动吸引我们去投资，一亩地价格才 1 万元人民币，他们唯一要求就是帮助解决 100 人就业"；"在国内从没有政府官员问我城市和产业规划该注意什么。我觉得政府不要过度规划产业，那应该是企业家的事"。这个企业负责人如此说。参见新华社《内参选编》，2013 年第 8 期"新城镇建设须警惕出现'空城'"。

也有利于提升教育水平，进而带动农民市民化。在城镇化和农村产业化进程中，还要面向农民加强农业生产和经营的基本技能培训，提升农村和农业生产力。城镇化建设一定也是农民素质不断提高的农村人口素质建设的过程。

三是城镇化的城镇建设要力求环保节约、生态文明，向地下和地上要空间，新城旧城统筹建设，减少土地占用；要注重城镇建筑和交通的设计，不仅追求宜居，还要追求靓丽和谐、美居和安居。对于当前各地政府特别是基层县域政府热衷上马大项目、搞产业园区的情况，也要注意因地制宜，不能简单攀比。要避免简单“拉郎配”的现象。我们的干部计划思维浓厚，做什么都要体现政府意识，其实很多事情可以由市场层面去解决。

四是针对农民市民化面临的公共投入特别是公共保障性投入的巨大需要，一方面不能设想完全由政府独立承担，必须创新路径和方法，多渠道解决资金来源；另一方面不能毕其功于一役、一步保障到位，可以在确保农民市民化后享受的公共服务和保障水平明显超过农村水平的前提下，在大城市、县级城市、中心镇采取不同梯次的保障政策。更重要的是对县以下城镇转移的农民解决好就业安置问题，使他们有稳定的收入来源；依靠发展好新式集体经济，提高农民和农村的自我保障能力。

**第三，必须以结构合理为前提。**

一是城市和城镇群布局合理、重心适当下移。2011年我国的城镇人口6.9亿，而“城市”却只有不足700个，要把新增的城镇化人口都放在这些个城市是不可承受的。我国是等级化的城市管理体制,省下面除了地级市、县级市,还有为数众多的县、乡、镇,但规模都不够。不是说大城市不好,关键是现有设计和管理能力下的大城市建设未必经济,并且也是目前城市政府财力所不支持的。相反,县以下区域的城镇化和产业化发展亟待加强,空间大、负担相对较小。所以,在城市化和城镇化建设之间,也要注意投资建设的边际效应原则。

其实,中国经济发展到今天,真正欠账多的还是农村,或者说县域以下经济发展空间和潜力更大。所以,新时期经济建设的重心应当下移,新式城镇化要以市、县两极城市为重点,坚持农民“离土不离乡”,不光县城要扩大,还要搞几个中心集镇①,甚至有些地方农民可以就地市民化。吸收同样单位的农民市民化,通过大城市和小城市、中心镇来吸收和就地吸收付出的代价、成本不一样的,产生的对投资和消费的拉动也不一样。优先扩大市级和县级城镇规模,发挥既有的承载空间,可以降低农民市民化成本。

二是工业、服务业和农业比重搭配要合理。三次产业合理搭配应当成为城镇化建设成效的一个衡量标准。发达国家的服务业占

① 除了继续城市和工业的转型和深化改革以外,最有发展潜力的空间一定是来自农村。如果把城市2.6亿的农民工剔除掉,中国的城市化率不是51%,而是30%。中国的城市化是空泛的城市化。农民工在城市没有户籍,孩子、老婆、老人大多留在农村。他们在城市打工,过段时间还必须回到农村。这只能说明,目前中国的城市没有办法吸纳如此众多的人口。在北京购买汽车购买房子都受到限制,其他城市也是大同小异。城市的交通吞吐能力已经达到了瓶颈状态,城市的医疗、教育、养老和其他的服务功能,远远满足不了所有人口,包括流动人口的需要。所以,农民工不可能被城市所接纳,如果被接纳,城市的生活就会陷入更加被动的状态。没有人能够想到,重新走农村包围城市,就是一条很好的出路。大家讲城镇化,其实就是发展农村经济的必然。没有农村的再度崛起,中国的经济发展动力在哪里?城镇化的动力在哪里?姚树洁新浪博客,2012年12月8日。

到60%左右，目前我国相当一部分城市和地区的第三产业还有至少一倍的增长空间。从目前理解的情况看，在"无工不富"的传统思维引导下，县域经济产业布局中，政府致力于扩大工业比重，第一产业比重持续下降，对第三产业发展的重视和投入不够，提升缓慢，很多县域第一产业比重不足10%，第三产业比重在30%左右。未来，应该通过解放农村生产力和改善农业生产经营结构等办法，在保持农业比重企稳甚至上升（提高附加值）的同时，积极增加第三产业比重。县域城镇化的产业配套，应以少数骨干工业产业为支撑，主要配套第三产业和地方特色产业。第三产业具有轻资产、低投资的优点，对解决就业问题具有明显作用，是优化经济结构的首选。

城镇化建设中的产业化，要因地制宜发展层次多样化、结构多元的产业，有助于破解城镇化中的产业建设难问题。宜于搞旅游的发展旅游业，宜于搞加工的发展加工业，宜于搞特色农业的发展特色农业，发展农村庄园经济、旅游经济，企业规模可大可小，发挥企业和农民的主观能动性。包括在新式城镇化建设中，还要防止"农耕文化"遗产的丧失问题，并且完全可以把农耕文化与现代农业、庄园农业和旅游业结合起来，赋予它新的生命力（李广洁语，2013年）。

三是政府要创造好的招商环境和促进机制。尊重、依靠和支持企业和农民与农村基层组织的首创，政府发挥好信息发布指引、政策引导、政务服务、环境改善和配套等作用。这方面既要引进外部投资，也要帮助农民创新创业，可以用担保、组建合作基金、合伙基金等方式，发展农村合作组织、农民利益捆绑的新式集体经济等，多元化支持农民干事创业。

**第四，必须以市场化运作为依托。**

在财政收入结构中中央占大头、地方占小头，地方土地财政空间趋小、负债增加的新情况下，新一轮城镇化建设应该高度重视并依托市场机制和企业的力量来承担，探索通过资本运作破解城镇化的投融资瓶颈。否则，不仅城镇化建设难以取得新突破，而且可能加剧或引发地方财政债务风险。

市场化运作，有助于资源节约和结构合理。市场化运作的核心是依靠企业和农民、农村合作组织的主体地位，依靠市场机制的资源配置作用和金融创新，依靠资本市场和资本运作办法。

市场化运作，有利于规避政府有形之手过多参与造成的资源错配等浪费，各级政府腾出精力搞好配套改革，抓好招商引资环境建设，同样能提升生产力。特别是基层和农村金融业和金融服务的改革创新要加快。回首改革开放30多年来中国的第一轮城镇化过程，没有国家规划，没有城镇化建设战略，但是，我们在经济发展进步的同时，就无声无息地实现了城镇化率由1978年的18%提高到2012年的53%的水平①。新式城镇化建设过程中，政府不能过多干

① 改革开放30多年至今，我们可记得什么时候搞过城镇化的规划？可曾制定过什么样的城镇化政策？从来没有。没有宏伟蓝图，没有统筹兼顾，没有配套政策，没有资金安排，甚至连试点推广都没有，不知不觉中，城镇化率从1978年的18%上升到2012年的53%。城镇化的提高并非来自政府主动的和有意识的推动，而是城乡社会、经济、市场、产业和文化发展的自然结果，就像小孩子的身高是自然生长的结果，而不是家长调控的变量。回顾过去的历史，对我国城镇化贡献最大的，当属农业改革和民营经济的发展壮大。改革解放了资源和生产要素，导致城镇化水平提高。随着企业和人口聚集到城镇地区，聚集效应越来越显著，城镇经济的效率进一步提高，而产生聚集效应的依然是那只看不见的手。参见许小年，"城镇化或城镇神化"，《经济观察网》，2013年2月19日。

预具体经济事务，但也不能大撒把。要按照市场化为主、政府协调和服务配套的原则来推进。市场化的机制不是天生就有的，可以加盟城镇化建设的企业也会很多，但是，这些都不会自动来到哪个具体的县区，需要政府“招商引资”。比如，最近我们在山西灵石和襄垣等县试点金融创新支持城镇化建设的事，就是这里的县政府主动邀请的，经过调研论证后，形成了金融创新带动招商引资、市场化路径搞建设的思路。

市场化运作，还要充分考虑到可持续性问题。比如，一些农村集体搬迁到城镇，农民失去土地后，依靠当地或引进的企业解决农民就业安置；为鼓励农民搬迁，一些地方政府甚至一次性给一些“免费面包”。有的村庄搬迁进城后，承担搬迁和建设任务的企业还承诺负担进城后的农民住房供热供水等费用。这本是一件市场化运作的好办法。但是，农民仍然担心未来生计寄托在一家或少数几家企业身上，企业发展一旦不具有可持续性，农民就失去了饭碗、失去了保障。这样的问题，虽然城市居民也同样面临，但是，城市已有政府供给的基本低保和其他相关保障措施，农民就没有。这需要各地在城镇化建设中加以注意。

**第五，必须以生产发展、生态改善和生活提高为目标。**

新式城镇化要伴随撤乡并镇和行政区划与户籍制度改革。首先，要有利于增加农田，节约行政成本。撤乡并镇时，有适宜转为农田的要转为农田，不能按现有建法，只要农民拆迁都变成开发用途，单纯逐利是对后代的不负责任。据估算，城镇化按照科学的方式设计，可能会新增1亿亩农田，对缓解当前18亿亩耕地红线压力也有明显作用。土地增加后，发展特色产业、绿色农业、生态农业、观光农业、高附加值农业，实现农业现代化，便于农民就业和致富。

其次，要注意统筹解决农村“空巢”问题、新农村生活质量和环境问题。现在，农民工进城了，在外面一年挣了几万块钱，回去还是睡冰冷的房子、烧煤球炉、烧柴草，那是小康吗？尤其中青年劳力大量流出，农村留守的老人和儿童如何支撑农业生产，如何维持小康生活，都需要结合城镇化建设一并加以解决。

第三，要注意进城人口的可持续生存和质量问题。在过去的农民市民化过程中，农民工即便在城市就业，也得不到与城市职工均等的公共服务和保障待遇。2011 年农民工对城市职工在社会养老保险中的占比只有 23.2%，在工伤险中占比 47.9%，基本医疗保险中占比为 31.6%，失业保险则为 20.1%，生育保险少到 14.5%；相比之下，农民工占城镇就业人口比重达到了 35.2%，在新增就业人员中占到了 65.4%（蔡昉语，2013 年）。所以，城镇化进程中的农民改变身份问题，根本的在于创新方式方法，选择适合农民要求的生产方式和生活条件的改变和待遇公平化。

第四，要注意生产和生活的配套问题。行政村合并成镇后，要有土地流转改革和农业产业化、农民就业安置等措施配套跟进。否则，就会出现农民骑摩托车、乘大巴车去几里地以外种自家地，住得起楼房交不起取暖费等问题。所以，如果新镇或新城建设不注意就地解决好产业承接和就业配套、宜居配套，新城可能就会成为“空城”，搬进来的农民早晚也会溜走。

正如李克强同志强调的,“城镇化不是简单的城市人口比例增加和面积扩张,而是要在产业支撑、人居环境、社会保障、生活方式等方面实现由‘乡’到‘城’的转变”。

**第六,必须科学配置城市与城镇之间的建设投资。**

新一轮城镇化建设要防止简单地向大城市聚集资源和投资,就应把投资发展的着力点主要放在县域,大城市则着力提升管理水平和集群效应,搞内涵投资。

与日、韩、美的巨型都市圈相比,我国珠三角、长三角、津京唐的人口密度并不算高。当前我国许多大都市的“城市病”在于管理制度和管理能力的滞后,简单“摊饼”,缺乏统筹,没有发挥城市圈规模经济作用。新式城镇化过程中,大城市应以集群化为导向,以交通现代化、人居生态化为重点,向内涵投资转变,向层次叠加转变,向辐射功能转变。做到这一点的前提是深化城市改革,推进城市管理市场化,提升城市管理水平。

与此同时,在发展大城市和大城市圈的过程中,不可忽视由此带来小城市的“萧条”。有专家预期:伴随城投债、房地产冰山融化,资金链断裂会发生在金融杠杆过长、泡沫过大的三四线城市,在核心城市的衬托下,这些城市将度过一段凄惨的日子①。这个问题虽然可以通过新式城镇化建设中科学规划和市场化建设来规避,但

① 据测评,在调查的287个城市中,风险排名倒数前三的分别是深圳、北京和上海;市场风险排名前50位城市均为三四线城市,酒泉和呼伦贝尔排名第一、第二,鄂尔多斯排名第六,拉萨、泰安、保定、沧州等城市化水平较低、经济实力较弱、供应明显大于需求的三线城市和41个四线城市都位列风险榜单前50。

人口仍不断向大城市集中的趋势，确实提示有关部门和有关层级政府应加以警惕。不妨通过加大县域以下城镇化和产业化建设力度，来引导部分滞留在大城市的农民工适度回流。农村城镇化和农民市民化，与农民进大城市没有必然联系，生产和生活方式改善、生活质量提高后的“农民”幸福指数未必不如大城市的市民。

## 15. 新式城镇化与新的农村改革承载更多使命

**华夏时报：**三十年前的改革从农村开始，三十年后又回到最初的原点寻求城乡一体化的改革新探索。这一次改革和上个三十年的改革比，会有哪些不同吗？

**孙才仁：**30年前改革探索是从农村开始的，是以家庭联产承包责任制为代表的打破“大锅饭”式集体经济束缚的生产方式变革，是农村生产积极性的解放和生产力的释放。

30年后的今天，我们在农村要做的是城镇化这篇文章，城镇化的主战场在哪儿？在县域和农村，但是要解决的问题却是多方面的。既要实现农民和农村生产力水平的二次解放，又要解决好农村和农民生活方式与质量问题，解决好产业结构均衡发展问题，解决社会保障事业发展滞后问题。归根到底是近9亿农民的全面实现小康问题，农民变小康了，中国才是真正建成小康社会。

李克强同志视察了江西九江农村，他向农民提了三个问题，第一个是你最大愿望是什么？第二个是最大的困难是什么？第三个是下一步怎么打算。结果农民的回答是:第一个是住房问题,第二个是医疗问题,第三个是就业创业问题。农民最大的愿望是住房价格不要涨,最大的困难是医药费的报销时间太长,下一步的打算是创业,但没有钱,梦想的距离很遥远。其他的问题也包括户籍、孩子教育和家人团聚等。

**通过制度创新进一步改善农民和农村生产方式,进一步解放农村生产力。**

新式城镇化要解决好住房、医疗、就业和教育等,解决城镇化对教育和医疗等各种公共服务和设施的需求,满足农民子女的平等教育和变身的农民公平医疗问题,帮助农村留守儿童、老人和妇女一家团聚。这是农民对城镇化的渴望所在,是以中国最大人口群体的和谐社会建成为目标。同时,也要探索制度创新,建立有效的可持续的发展机制。

一要在农民市民化和农村城镇化过程中破解农民“离土不失土”的问题,解决好农村土地的确权、农民土地使用权或财产权流转问题,创造属于农民、适合农民的财产生成机制。譬如,山西柳林县一家民营大企业与国家开发银行合作,结合农民土地入股等方式,组建新型农村合作组织,与企业合资成公司,对十几个村的耕地和山地进行整合,打造出全新农村经济模式。由此实现企业、政府和农民三方受益。

二要推进行政区划、农民的城市和城镇户籍改革等,探索多渠道筹集财力方法,建立多层次农民市民化制度体系,破除农民市民化的制度篱笆。比如,农民市民化不一定都要进省城,可以在县城,可以在中心镇,也可以就地市民化。多层次的解决农民市民化身份和生产生活方式,是城镇化建设中很好的梯次过渡办法,也容易适应农民的不同层次需要。这里面,优先级是自下而上,即先把中心镇、县级城镇的改革做起来,配合产业化建设,使农民的生产生活方式和质量优先提升。这样,可以引导一部分外出务工人员回流,减轻大城市压力。从这个意义上讲,中国的城镇化不能忽视县乡两级的建设和发展。

三要将教育、医疗、基础设施建设等向社会向民间资本开放,在城镇化建设中全面引入民间资金。农民土地补贴收入是城镇化投资和消费力的来源,资金需要财政补贴、商业化拆迁补偿和企业投资等多渠道解决,尽量通过商业化实现资金的良性循环。而这些需要拓展思路,借助财政改革和金融创新来实现。比如,政府资金的使用就要变,以往政府资金补偿拆迁农民,或直接投资公共设施,在未来的城镇化建设中这点儿资金将是杯水车薪。改革财政资金使用,发挥财政资金的杠杆作用,就可以使财政的杠杆作用得到发挥。所以,城镇化建设一定是综合的、多层面立体的,要伴随政府职能和传统投融资体制转变。

四是科学引导,积极支持发展新式集体经济和新式生产经营方式。要依靠组织创新和农民的首创精神,引导支持农民走出一条新式自力更生的发展道路。农民市民化过程中面临三大资金瓶颈:一是有没有足够资金买房子,二是有没有适当资金支持个人或家庭创业,三是有没有足够资金或收入来源保障养老。同时,农民单体生产缺乏经营能力。而对于政府和承担城镇化建设任务的企业来说，农民和农村搬迁成本上升和农民市民化的政府公共支出增加是社会公平的代价，也是未来必然的趋势。因此，新的城镇化建设绝不是政府一只手可以托举起来的，还要充分发掘农民和农村的潜力，发动农民自己动手“丰衣足食”。要培育壮大新式农村集体经济实力，发展新型农村经济组织和体系。发展新式集体经济，对于推进城镇化和农民市民化会是一个很好的市场化建设机制，农民自己创造属于自己的新农村。城镇化，他们不仅安心、而且开心。鼓励农村和农民首创集体经济发展模式，户籍改革应优先支持①，金融支持要有效跟进。

**新式农村集体经济模式的基本构成要件。**

农村新式集体经济和新的生产经营方式的具体实现形式应该是因地制宜和多样化的。但应当具备几个基本的特点或要件：

一是稳定的利益共同体，如农民以土地使用权等物权或资金入股，实现集体成员之间的利益捆绑。这可以在各地普遍建立的农村合作组织基础上，按自愿原则尝试推进。

二是培育和寻找适合带动集体经济运行的经营管理能力或机制。组织集体经济首当其冲的考验，就是有没有合适的领路人、掌门人。有条件的地方可以就地选拔善于经营管理的领头人；没有条件的地方可以采取引进企业经营、合作，或委托经营管理等方法。

三是探索建立能为农民广泛接受的农村集体经济法人治理结

---

① 2013年中央一号文件明确：“大力支持发展多种形式的新型农民合作组织。农民合作社是带动农户进入市场的基本主体，是发展农村集体经济的新型实体。加大力度，加快步伐发展农民合作社，切实提高引领带动能力和市场竞争能力。鼓励农民兴办专业合作社和股份合作等多元化、多类型合作社。”

构和管理制度，给新式集体经济以健全的体制和制度保障。

四是在发展农村新式集体经济、发展新型农村合作组织和新式农业经营体系过程中，各级政府的组织协调和业务指导，以及金融支持和服务非常重要。能否探索将政府对农业的补贴适当与鼓励发展农村集体经济结合起来，能否通过金融创新支持农村集体经济成长？

16. 要增强对不改革就会面临被动的预见

**华夏时报：** *您曾讲过此轮城镇化建设很可能为下一个三十年改革提供很好的切入点和载体。如何理解通过城镇化来推进改革？*

**孙才仁：**李克强同志曾指出："改革是最大的红利，要把发展目标与改革目标一起规划，把市场化改革与转变发展方式一同部署。"此轮城镇化建设和经济转型发展对各级政府是艰巨考验，特别是作为城镇化建设主战场的县域经济，在推进"新四化"进程中，已经遭遇了包括资金供给严重不足和地方官员资本运作能力不足等多重压力。在这个时候，对改革创新需求最强烈，推进改革时机最佳。

**县域经济和城镇化建设倒逼改革。**

从了解到的基层情况看，很多县域城镇化和产业化建设近3–5年内需要投资200–300亿元甚至更多。但是，县域政府可机动、财力好一点的只有20–30亿元；县域建设贷款更远不及市级以上大城市，存贷比普遍在20–30%左右。县域经济目前普遍遇到筹资难、运行难、转型难、发展难等问题，县域政府掌控和操作经济的能力是三级地方政府中相对薄弱的一级，可调度资源有限，也缺乏财力和资本运作能力。

目前，地方政府土地财政余地缩小、负债增加，加上2012年底四部委限制地方政府违规负债的通知出台，已经向各级基层政府敲响了警钟，预示着地方建设转型和改革的不可逆转性。因此，近来一些县级政府寻求改革和突破的意识与愿望也在逐渐增强，可以说稍加启发引导，就会迸发出强烈的深化改革欲望。以经济市场化为着力点，以创新投融资机制、破解资金瓶颈为突破口，以市场和企业力量推进城镇建设和产业培育，目前最受县级政府欢迎，也容易取得实实在在的经济建设和改革效果。

关键是传统的地方政府城市和产业建设思路和方式如何快速做出调整，以便有效引进民间和市场力量。所以，政府不是通过城镇化建设推进市场化改革，而是借助新式城镇化建设的机遇拥抱市场化改革，拥抱市场力量，借助市场化改革更好推进城镇化建设。经济市场化改革是城镇化建设的重要依托。

在县域经济和城镇化建设中探索经济市场化改革，主要就是要简政放权，减少政府在经济生活中的事权，市场和社会能做的事尽量交给市场和社会，政府发挥统筹协调、引导指导作用，逐渐归位于公共服务职能。通过行政改革、市场信号和手段引导经济建设，创造政府与市场新和谐，关键是基层要创新过渡方法，确保改革顺利推进。

**要增强对不改革就会面临被动的预见。**

据介绍，地方财政土地收入占比由1999年的0.09:1提高到2009年的0.44:1,城市基础设施建设资金70-80%来自银行贷款，未来土地财政增长空间有限,地方政府负债已达12万亿元。2012年1-11月一线城市土地出让金同比下降41.5%,预示留给各级政府改革投融资体制的时间已经不多。近1-2年内各级政府被倒逼着要走出一条市场化为主的城镇建设和经济建设路子。

最近山西已经有一批先觉的年轻县长们开始思考和寻找市场化建设新路径,他们戏说过去有问题有建设需要的时候,会最先最想最多地找上级政府和计划财政部门,习惯于找市长,现在他们开始愿意找市场、找企业、找金融机构。笔者在山西灵石、襄垣和武乡三个县尝试金融创新支持城镇化建设,就是应这三个县政府之邀。这让我看到基层政府对深化改革和推进转型的渴望和推进经济市场化改革取得成功的希望。

## 17. 金融业要顺应经济发展重心的变化

**华夏时报：**我发现你在2011年就大力倡导通过城镇化建设替代传统投资路径,实现新式经济增长,不久前又提出金融业要顺应经济发展重心之变。在你看来,当前如何利用资本市场机制来支持城镇化建设,或者说在地方融资平台负债沉重、银行贷款趋于谨慎的形势下,如何有效破解城镇化建设的资金瓶颈?

**孙才仁:**未来城镇化建设重心将下移至县市,缺少资金也是当前城镇化和县域经济面临的最大问题。地方尤其县级政府需要拓展视野，抓住正在深化和扩展的资本化和金融化潮流，树立现代金融理念和资本运作理念，加大金融改革和金融创新力度，用好金融手段。政府与市场联手，实业与金融牵手，资本与负债携手，积极利用资本运作和直接融资破解投融资难题，探索新式城镇化、新式农村集体经济组织形式和运作模式，创造政府与市场新的和谐，缩短建设周期，实现高效和谐发展。

**一是坚持政府规划引导、市场和民间主导的资本运作方式，实现区域建设资本化、金融化。**

在市场化机制主导下，新式城镇化建设在投融资问题上可以尝试的方式有：一是以政府平台公司投资为主，但随着负债融资政策逐渐收紧，政府面临着地方负债水平过高风险，潜力较小。二是引导大型企业投资，如未来县域或新区建设可以直接交给大型企业[①]，在推动城镇化和农业现代化的同时，可以为企业转型提供新的出路，未来潜力较大。但目前政府和企业都需要有个观念转变和接受的过程。三是金融创新开路，发挥社会、企业的资源优势，引导资金抱团投资，带动地区城镇化建设，未来潜力很大。但要求政府思想解放、舍得放权让利，有现代金融知识和能力，要求企业转换思维、合作共赢。

① 2013年一号文件规定：鼓励社会资本投向新农村建设。引导国有企业参与和支持农业和农村发展。鼓励企业和社会组织采取投资、捐助捐款、人才和技术等方式在农村兴办医疗卫生、教育培训、社会福利、社会服务、文化旅游体育等各类事业。鼓励企业以多种投资方式建设农村生产生活基础设施。

**二是重视股本融资，利用资本杠杆撬动债务融资和社会投资。**

由于诚信基础所限和多年来地方建设以招商引资和银行贷款为主，使得负债余地小，拖长建设周期、增加建设成本。当前地市级以下区域经济转型发展和城镇化建设普遍缺资金，但最缺的是资本金。因此，除了中央一号文件明确的“改善农村金融服务”主要措施外[①]，金融服务和支持应注意着力帮助农村和农民优先解决发展生产和经营所需资本金不足，帮助他们利用资本市场、展开资本运作。政府要发挥财税政策和财政资金的杠杆作用，以出部分机动财力做引导，面向社会募集组建“城镇化建设基金”、“农业产业化发展基金”等，首先解决资本金问题，撬动贷款或吸引其他资金进入补充资本金。根据城镇的整体建设与产业发展规划形成“项目包”，以基金为依托，联合社会各类金融机构组成“金融要素包”，建立联合投融资机制，基本可以满足建设资金要求。基金作为资本性资金，发挥启动、带动和杠杆作用，发挥项目资源和社会金融资源的配置对接作用；各类企业作为投资主体参与到项目建设和产业投资与经营中来。这种外力支持，既充实农业生产和经营的资本，又带来智力和帮助提升经营管理能力，帮助农村经营组织真正走入市场，参与市场竞争。这方面需要政府改变财政资金使用习惯，注

① 2013 年一号文件规定：“改善农村金融服务”。加强国家对农村金融改革发展的扶持和引导，加大商业性金融支农力度，充分发挥政策性金融和合作性金融作用，确保持续加大涉农信贷投放。创新金融产品和服务，加大新型生产经营主体信贷支持力度。加强财税杠杆与金融政策的有效配合。鼓励国家开放银行推动现代农业和新农村建设。支持社会资本参与设立新型农村金融机构。创新符合农村特点的抵(质)押担保方式和融资工具，建立多层次、多形式的农业信用担保体系。推进财政支持的农业保险大灾风险分散机制。

重向政府资金发挥杠杆作用转变。

**三是稳妥尝试农村合作基金、农民合伙基金和农民入股等方式参与城镇化和产业化建设，发展新式集体经济，提升农村和农业的内生发展能力。**

除了政府可以通过财政资金支持外，更多的要运用市场化机制、资本运作办法的帮助和引导，最大限度调动和支持农民自我组织、自我发展、提升造血能力。譬如，政府运用市场化办法撬动社会资金支持农民购房；政府和金融机构出资引导，让农民通过组建合作基金、合伙基金、农民入股等方式，组成和壮大新式集体经济，参与城镇化和产业化建设，开展自主创业。通过这些办法，在扩大城镇化投资规模的同时，让农民得以分享城镇化建设、产业化建设当中带来的回报。农民从拥有土地使用权变成拥有股权、财产权，实现由农民向产业工人和股东身份转变，增加居民财产性收入①。

当然，在因地制宜引导农民和农村闲置资金参与城镇化建设和发展新式农村集体经济的同时，各级政府要充分考虑到农民自身市场化经营和资本运作能力不足等问题。在我乡村走访农民和农村合作社、大学生村官的时候，大家一方面期待农村生产经营方式的进一步改革创新，另一方面又感到靠农民和农村自身力量，操作

---

① 党的十八大报告在《加快转变经济发展方式》部分强调："加大强农惠农富农政策力度，让广大农民平等参与现代化建设、共同分享现代化成果。依法维护农民土地承包经营权、宅基地使用权、集体收益分配权，壮大集体经济实力，发展农民专业合作和股份合作，培育新型经营主体，构建集约化、专业化、组织化、社会化相结合的新型农业经营体系。"在《改善民生和创新管理中加强社会建设》部分强调："千方百计增加居民收入。实现发展成果由人民共享，努力实现居民收入增长和经济发展同步、劳动报酬增长和劳动生产率提高同步。

起来还比较困难[①]。各级政府和企业、金融机构应借助金融服务和资产管理平台优势，以资金和人才培养、人才支援和智力支援等方式，支持农民携手发展，加强经营管理，做大做强农业和农村生产经营组织，稳健发展，注意防范和控制风险。在新式城镇化、农村产业化和新型农村生产合作组织建设中，政府的服务指导、引导资金和金融服务等多样化外部力量支持是不可或缺的。这次我们试点组建城镇化建设基金，就包括了要对部分农村合作组织提供资本性投资支持。其实，这个领域也应该成为风险投资基金重点关注的投资方向。

---

完善劳动、资本、技术、管理等要素按贡献参与分配的初次分配机制，多渠道到 1000 亩，加上栽种核桃，农民收入可以翻番。当笔者走访这个村的十几位老者时，大家均表示愿意加入这种新型农民合作组织。其实，像成家沟村这种的情况在广大农村很还普遍。

①今年 3 月我走访山西省武乡县成家沟村时了解到，该村青壮年劳动力基本都在省城或其他大城市打工，村里 107 户人家主要是 50 岁以上的老人留守；同时，他们还要从事农田种植或养殖。虽然每户按人均分摊的种植面积并不少，但是，对留守老人们来说务农的压力很大，农村生活条件也艰苦。所以，他们比较愿意进城，但是又舍不得放弃农田，因而他们欢迎走农村合作社等新集体经济道路，但又因为缺乏领头人和领头人的信用与风险保障，因此对于组成紧密型合作组织犹豫不决。这里虽然也搞了农村合作社，但缺乏实质性利益捆绑，基本上流于形式。这里的大学生村官说，只要政府或企业给他们注入一些资金，就能吸引村民以土地或资金入股，形成真正紧密型的合作组织。这位村官估算了一下，只要外部力量注入 10 万元资本金，村民就能入股集资 10 万元，加上几百亩土地使用权入股，这个村的合作社就能撬动 30 万元银行贷款。用这 50 万元，村集体就能将养羊规模由 100 头增加到 500 头，将特色谷子种植面积由不到 300 亩扩大到 1000 亩，加上栽种核桃，农民收入可以翻番。当笔者走访这个村的十几位老者时，大家均表示愿意加入这种新型农民合作组织。其实，像成家沟村这种情况在广大农村很还普遍。

## 18. 金融业和金融市场要善于“接地气”

**华夏时报**：不久前山西证监局和省委组织部联合对全省县级政府经济主官举办了三期“资本运营服务县域经济专题研讨班”，被媒体称为“山西掀起县官学金融‘风暴’”。您对县长们办这个班的初衷是什么？

**孙才仁**：2011年9月份我路过黄河边的一个县，它财政收入三四亿元，银行存款是10亿元左右；最大的需求是每年的水果收购资金不够，缺口5亿元左右，实际使用也是5亿元左右，钱不够用。这个县的建设融资除了企业自筹，就是贷款，贷款最多5亿元，还要搞生产。因此这个县就水果这么一个支柱产业，还得不到金融支持。我建议它用私募基金的办法来解决。几家大的收购企业抱团搞一个私募基金，一部分向有钱人募集，一部分向果农募集，预计募集目标5个亿就够了。怎么对果农募资？假如一个果农订单收入1万元的话，你先给他5000块钱，他买生产资料，搞再生产；另外5000块钱，可以部分变成基金，钱先不给他，等收购完了、销售完了，果农拿回投资入伙的本钱，还有另外的分红。假设还是10亿元财政收入的县，收购资金还是5个亿，一分钱不增加，但是能把农民的水果全部垄断收购了，销售季节可以没有压力，不要赶着高峰期降价销售，最后销售额肯定增加，价格也能上来。这么一个简单的资本运作，后来没有做，结果据说当年的水果卖得不太好。

在我接触到的地方党政领导中，几乎都反映一个共同的问题，就是虽然知道经济工作思路要转变，建设资金不能光靠银行信贷，知道资本市场好，但是，又不知道怎么嫁接资本市场，不懂如何开展资本运作。

**资本市场功能发挥需要金融业善于“接地气”。**

近年来，中央对金融工作的重视程度大大提升，金融改革和资本市场改革创新力度在加大。但是，一些金融服务和改革创新措施仍不能覆盖到广大基层和企业，很多金融机构的业务开展主要还是局限在市场圈子里，有点金融业“自娱自乐”的感觉。回顾过去我们资本市场的工作，其实从市场创建开始就在强调服务实体经济，强调支持实体经济改革和发展。但是，我们更多的是关注企业上市，关注上市公司并购重组，关注证券公司创新理财产品，关注增加多层次市场里的市场平台，很少有人关注如何让政府特别是县级政府和县域经济、基层经济有效嫁接资本市场。我们的金融家俱乐部里主要是专家学者和金融高管，很少见实业家、企业家的影子。

在山西全省 11 个地市 30 多个县调研后，我越发觉得要促进金融市场和金融业更好地服务实体经济，真正最急需帮助的是县级地方和那些远不能达到上市标准的众多企业。虽然基层和企业家不懂现代金融，但是，金融业如果能主动深入基层服务他们，是不是情况就会不一样了？于是，我就提出金融业“接地气”概念，在山西辖区大力倡导资本市场金融机构走出写字楼，走到基层，走向地方政府，到企业中间去，并为此开展了“资本市场三下乡”活动，把资本市场理念知识、智力和服务送给基层政府和企业，结果深受地方欢迎。

根据城镇化建设重心将下移至县级地区的趋势预判，以及县级政府对金融的日趋重视和对金融服务的渴望，我觉得资本市场服务不仅要适当向地市和县级区域延伸，还要调动地方政府合力，共同推动资本市场服务实体经济工作取得新突破。办一个培训班，告诉县长们资本市场到底好在哪里，它到底有多少工具，每个工具在什么情况下用，能解决什么问题，让县长们知道在干什么事的时候该找谁，找什么样的机构，选择什么工具。为此，在山西省委组织部的支持下，我们就在2013年1月对山西全省119个县区主管经济金融的领导和主管部门领导240人举办了这个研讨班。此举受到了广泛欢迎和赞誉，达到了预期效果。说明金融工作也要重视宣传培训，做好金融工作要依靠大家的力量。

19. 转变观念找资源，解放思想找资本

**华夏时报**：*听说您一年多时间为山西市县两级政府官员做了六十多场资本市场专题报告，光座谈会就举行了几十场。大家说听了您的讲座如沐春风，视野大开。对这些基层党政干部用好资本市场，您提出了哪些建议？*

**孙才仁**：我到山西工作近2年来，一直把给地方同志作资本市场专题报告作为一项重要基础工作来抓。因为要改变地方金融不发达的局面，需要各级党政干部和广大企业家共同参与。我讲资本市场特别注意了几点：一是注意资本市场不是阳春白雪，要把专业理论和专业操作问题通俗化、大众化，让乡镇领导和农民企业家也能听懂；二是尽可能讲座之前都要了解当地经济发展情况，努力结合当地实际讲，使听众置身讲座之中；三是每次都是立足整个社会经济大局展开专业讲座，让听众明白资本市场改革创新和服务实体经济的时代意义；四是每次讲座最后都要因地制宜给出具体建议，并且在随后的走基层过程中，注意给地方以具体指导。

这次通过举办县长培训班，我结合山西实际特别是结合即将展开的城镇化建设，就基层政府利用资本市场和金融创新推动经济工作和城镇化建设，给出了十个方面工作建议。

**一是观念更新。**

现在很多基层经济不是没有资金和资源，山西 119 个县区里有一半是经济实力不错的，其中我了解的几个大县社会资金都在几百亿，银行存款在 100-200 亿元，但是，大家不知道怎样实现资源变资本、资金变成发展动力，缺乏撬动更多资源和投资的资本金，所以，存贷差普遍较高。对此，我就提出“两个寻找”：

一要转变观念找资源。经常听基层领导抱怨本地没资源、没优势。其实，只要转变观念，资源很多。矿产、土地、旅游、农业、交通地理位置、政风、人文环境、政治待遇等都可以是优势资源。譬如，武乡县这个地方，仅八路军总部和几处抗战纪念地就可以帮助地方打好红色旅游牌，做大旅游产业。但是，光靠本地财力和能力无法短期内有效发掘这些资源，旅游产业也不是短期内能发展起来的。现在，这个县一方面引入深圳华侨城委托管理，把旅游资源市场化经营推进了一大步。另一方面，计划通过金融创新，扩大投资，进一步扩大和提升当地旅游业。而平遥古城早就闻名全国，过去，由于缺乏思路和投资支持，该古城游产业规模并不大。今年，他们依托外部艺术团队的智力合作，创意了“又见平遥”大型体验式文艺演出，激活了平遥古城这块古城资源，为下一步开展资本运作奠定了很好的项目基础。临近平遥的祁县，是一马平川的农业县，距离太原比较近以及广袤的土地就是他们的资源，完全可以发展高附加值农业、庄园农业和旅游农业。很多地方之所以搞项目难、引进投资难，往往忽视了本地资源的市场化、资本化和项目化。其实，资源并不缺，只要赋予其市场化和资本化力量。现在社会也不缺钱，只要项目好、环境好，有创意就有吸引力。

二要解放思想找资本。冲破思想禁锢和利益藩篱，推动资源与金融、资本的结合，实现资源资本化，开展资本运作，通过市场化、资本化、金融化的办法，让资源变成资本、资本撬动更多投资，这是基层经济激活资源、做大优势产业的基本路径。我在山西省灵石和襄垣两县调研时，就了解到当地计划依托煤化工初级产品优势，谋划发展煤化工下游产业，提升产品附加值，或依托天然的旅游资源，做大旅游产业，思路很符合当地实际。但是，巨额的产业投资是当地政府和企业家无法承受的。现在他们在金融部门的支持下，一方面引进企业出一部分资本金，另一方面通过金融创新，依托组建城镇化建设基金[1]，引进大型金融投资机构，实施股权投资，为这些

① 基金(fund)，是一种专家机构管理的集合投资制度。按投资对象划分，有股票基金、货币市场基金、期权基金、房地产基金等。“私募基金”来自英文“private equity”。在中国金融

大项目追加资本金投入，提供贷款担保支持，初步匡算可以满足主要产业化项目建设需要。

**二是建设路径。**

就是城镇化建设按市场化原则，因地制宜，灵活推进。可选择政府自主、企业配合；企业为主、政府协调；企业与基金配合为主、政府协调等不同模式。富裕的县，可以选政府引导，依托基金、企业参与的模式；不富裕的县，可以选政府引导、企业主导、基金配合的模式。富裕的县可以与不富裕的县结对子，资源、空间优化对接，解决资金来源和投资空间的双向矛盾。

**三是运作机制。**

在城镇化和产业化进程中，注重发挥龙头企业和金融撬动作用。基层经济的资金短缺问题更突出体现在缺资本金上，所以，在金融运作上要优先解决好城镇化建设中的资本金问题，这样，才能真正拉动其他资金跟进。以基金打头，合法募集资金，动员金融机构、金融要素等实现集聚；做大担保公司，组建担保联盟，带动其他投资和融资；通过金融支持做大做强本地企业，在新式城镇化中实现内涵式增长；通过市场化原则开展资本运作，进而开展金融招商，挖掘传统金融空间和现代金融潜力，并助力政府平稳嫁接市场化；政府资金要发挥贴息、补偿、担保、杠杆引导作用，激励、服务金融机构创新，根据不同的融资需要，多元化解决建设资金来源。

---

市场常说的“私募基金”，往往是指非公开宣传、私下向特定投资人募集资金进行的一种集合投资。其方式基本有两种，一是基于签订委托投资合同的契约型集合投资基金，二是基于共同出资入股成立股份公司的公司型集合投资基金。

**四是组合融资。**

无论城镇化还是产业化，都需要最大限度调动本地资金潜力，广泛动员外部投资介入。要改变县域经济金融支持严重不足的局面，可以尝试政府资金发挥种子作用、劣后作用，参与组建私募基金，通过基金撬动更多投资，带动更多负债；同时，在金融机构支持下，培育合格的企业主体，通过多样化的融资工具，形成基金、企业投资、银行信贷、企业债、公司债、信托融资、租赁融资、担保、保险等多种融资组合的局面。政府部门要加强与银行及各类金融机构的对接，促进金融创新接地气，针对性地服务经济建设和实体经济。这方面，基层政府面临知识和人才不足问题，依靠自身力量难以运作。所以，要选择得力的金融机构、资产管理机构配合运作。

**五是规划设计。**

新式城镇化、产业化建设，要注意项目、资源合理搭配，实现项目统筹、投资统筹、回报统筹，确保投资供给和资本回报的适度匹配和可持续。探索由过去的项目单独招标，改成项目统一承接，分别招标，组合投资；或项目投资与资源开发挂钩，或以资源效益担保。组建“项目包”，科学配给优势项目，有效分散劣势项目，把优质资源用在最需要的地方，利用政府资金、机动财力和有效资源，发挥引资作用、杠杆作用、保障作用。在金融支持和市场化机制支持下，政府就可以更多更好地发挥统筹规划和统筹协调作用。反过来，政府的统筹规划和科学规划也变得更重要了，政府必须依据本地区资源、环境优势和特点，借助外部智力支持，围绕新式城镇化形成可运作、可持续的建设发展规划，方能引来八方投资。

**六是民生改善。**

注重城镇化进程中的农民利益保护。利用农民合作基金等方式,降低建设成本,缓解融资难,实现农民拥有财产性和资本性收入;加强农民再就业与再教育,帮助农民转型后有可持续生存能力;政府退出竞争性领域,节约的财力用于加大公共事业和保障性事业的投入;要处理好农民进城与房价高企的风险;在新式城镇化中整体防范农民返贫,解决好生态保护等问题。

**七是工作推进。**

加强政府对现代金融和资本运作工作的统筹领导和推进。联合金融机构,组建城镇化和资本运作工作班子,建立或引进投融资专家团队,以开放心态加强与证券期货、基金、银行、信托、租赁、担保、保险等金融机构的对接,地方金融业发展要相对成体系,政府要做好行政协调和服务支持,实现项目统筹、项目与资金对接、与技术支持,结合"金融招商",提供信息对称服务,建立综合服务融资平台、项目库、信息发布与交流对接会等等。以激励政策支持和工作推进为依托,推动企业改制改造,夯实企业财务基础、信用基础,提升企业和农村集体经济组织的法人素质,提升县域经济嫁接金融标准的能力。资本运作和招商引资,要功夫在内,只要项目好、企业好、信用环境好,不怕没有投资。

**八是风险防范。**

风险防范是下一阶段任何地方政府搞城镇化建设或推进改革当中必须始终牵挂的一个大事。因为按照近年来各地建设的做法,我们的政府债务已经加速累积,其中不乏将来出现一定的呆账;下一步城镇化建设如不倚重市场化的话，还会进一步加速地方政府负债；而伴随城镇化的城市居民公共保障支出的大幅度增加以及社保的欠账都是地方政府潜在或隐形负债。这些负债如果产生大规模偿付危机，最终难免由中央政府“承担”，加剧中央财政负担，进而转移到金融体系。如此说来，地方政府负债问题不仅需要加以高度警惕，下一步建设负债要适度，要对应资源、效益和资本的募集能力，而且要果断采取替代措施。

所谓地方政府防范风险，首先就是要防范政府自身负债风险，建立偿债基金，控制继续负债。同时，注意控制政府担保和企业互保的风险，建设任务市场化是最好的防范风险办法①。要通过发展壮大金融产业、提升经济的资本化和金融化水平，来提高资源配置效率和合理性。还要加强与保险公司合作，探索农业保险创新；加强与期货公司合作，引导企业利用套期保值办法，助力资源类和粮食类企业防范价格波动风险，控制企业成本，稳定销售和利润，增强产业本身的抗风险能力。

**九是综合改革。**

城镇化建设、产业化建设整体要依靠市场化机制，依靠大企业

① 地方政府的或有显性负债，一是来源于政府担保的地方融资平台负债，二是乡镇政府“负债经营”欠账形成的潜在负债；三是社保支出缺口形成或有显性负债。地方政府直接隐性负债主要是大量公共项目投资负债、养老、医疗等改革带来的支出增加；政府或有隐性负债表现为社保、公积金管理机构运作损失的政府弥补等。地方政府负债加剧的原因：一是事权和财权不匹配；二是政府融资所提供的产品性质混淆，投资主体混乱；三是应对危机的对策引致等。防范地方政府债务危机，要推动政府投融资市场化，避免过度的“福利国家”倾向，完善债务融资机制，构造收益性市政债等。参见中国社会科学院产业金融研究基地《产业金融评论》，2013年第一期，《关于我国地方政府债务问题的分析》。

大集团,依托银行、基金、信托等金融机构与国有平台和其他企业的合作,还可以有其他一些市场化办法。但是,核心是必须配合政府经济工作思维转变和政府职能转变。政府要放弃“谋利”思维,不与市场和企业争利,才能获得市场化投资建设的更大动力;还要配合同步推进行政改革,政府在要权力还是要发展、要操作还是要服务、要主导还是要协调对接等方面,要做出选择。政府要从经营土地转向经营改革、经营环境、经营要素和企业家。

**十是诚信环境。**

新式城镇化建设中，信用环境和政策稳定性对各参与主体的合作共赢十分重要。政府要以身作则,讲信用、重承诺,取信各参与建设主体。诚信环境还包括政府发挥引导推动作用,推进企业现代化建设和市场诚信环境建设,提高企业质量。包括政府提高信息透明度,提高办事效率,搭建市场平台,建设服务和支持体系。

新式城镇化建设区情复杂,结构和模式也会是多样化的。但核心路径是通过市场化办法解决钱从哪里来、往哪里投、怎么回收等问题,要统筹兼顾人往哪里去、靠什么生存的问题。资本市场要顺应经济建设主战场转移之变,积极在“钱”的问题上创新服务、破解难题,为新式城镇化建设提供强大动力。

## 20. 基金开路，金融招商：助推新式城镇化

**华夏时报**：*您最近在山西部分县进行了城镇化建设基金的金融创新试点，希望引入资本市场的私募基金模式，以市场化和商业化的手段支持城镇化，能否介绍一下目前的进展情况？*

**孙才仁**：在省委省政府和上级领导的支持下，最近我们指导山西灵石、襄垣和武乡等三个县试点，利用私募基金开路、组成金融要素包的模式来解决城镇化资金瓶颈问题。目前已经完成城镇化建设基金的组建。依据这些基金的引导和保障，发挥资本市场的杠杆效应，再进一步引进新的投资、债务融资，带动社会资金跟进。私募投资基金的模式完全不同于过去地方平台依靠银行贷款的债务融资模式，它发挥了民间资金和市场化的功能，聚集资本金，分散风险，分享收益，实现了风险和收益的平衡机制，而不是单纯依靠地方政府举债。

利用私募基金、金融创新的办法，带动城镇化和产业化建设融资，主要追求以下几个效果：(1)开辟市场化融资渠道，减轻政府和平台公司负债压力，防范债务风险；(2)优先解决地方建设和产业发展的资本金不足问题；(3)提升地方和企业信用水平，增大继续融资和发展能力；(4)转化本地资金，带动外来投资，支持项目建设；(5)减轻政府投资压力，加快建设速度，缩短建设周期；(6)有利于减少政府在经济生活中的“事权”，推动基层行政改革；(7)有利于为煤老板整体转型探出一条新路；(8)有利于加强对农村新式集

体经济的金融支持；（9）有利于促进地方金融业发展壮大，促进“产融结合”，提升地方经济发展的内生动力和外部竞争力；（10）有利于为地方培育新的资本运作主体。

在基金组成后，通过发挥“金融招商”和杠杆撬动作用，借助资本市场各种金融工具的引进，带动社会资金和企业对城镇化和产业化建设项目实施公司化、市场化运作。包括以控股、参股、招标、招商等方式建立开发运作主体，引进企业建设主体；独立运作项目，或注资给已有项目单位。

政府规划、企业主导，政府负责统筹规划和组合要素，但是整个压力不在政府那里，由企业和金融要素来承担。政府腾出力量集中抓好基础设施和保障事业。这就是依托市场化建设城镇化。

以往各地搞了不少各种园区，但大都是政府为主在操作，未来这种模式也将潜力有限。相反，在河北固安，由民间公司华夏幸福与政府合作共建产业园区，却取得了成功。据介绍，2011 年华夏幸福通过借壳上市后，资产规模达到了 270 多亿元，由其主导建设的固安工业园占全县工业总产值比重也由 2005 年的 5%提高到 2010 年的 50%，固安在廊坊的经济地位排名也因此跃居第一。华夏幸福的模式有三个特点：一是规划能力，二是产业招商能力，三是投资建设能力。就此而言，这个模式不容易简单复制，它本身也不是完美的，但它揭示了地方经济建设的市场化运作前景①。

① 在开发区的投资运营建设过程中，先期投入至关重要。现在有的地方政府想做大、做强 开发区的发展模式，往往把开发区的体量搞得很大，但由于财政资金薄弱以及自身经验欠缺，通常在招商引资、园区规划方面力所不逮。我参观过华夏幸福基业（河北某公司）投

现在县政府最需要做好的三件事情：一个是科学严谨地做好县域经济发展的整体规划，通过城镇化建设带动产业化、生态化的综合配套建设，特别是要储备好的项目，推出好的企业，自然可以获得多样化的金融支持；二是推进政府职能和事权改革，政府的作用更多体现在协调推动实施项目建设，提供良好服务和风险保障，改善信用环境，信守承诺。三是借助市场化力量，开展"金融招商"，发挥金融的资源配置和要素聚集作用，培育有能力、有实力的企业群体。重要的是，各级政府要认清城镇化必须依托产业化、市场化，开放思路，注重模式创新、实践创新。

---

资、开发、运营的工业园区，他们的实践模式，有人称之为"产业新城"模式，有人称之为"产城融合"模式。我一直主张投资体制也应改革创新，建议在各新区成立新区开发投资公司，省市县财政分别出资，作为相对独立的投资主体，负责基础设施的投融资业务。华夏幸福基业的实践，既为招商引资搭建了专业化的平台，同时也在根本上解决了"钱从哪里来"的问题。企业被吸引来投资，把产业带来了，自然也就创造了更多的就业岗位，因此，"人往哪里去"的问题就解决了，城镇化的问题也就解决了。参见肖金城《解密华夏幸福：追问产业新城模式》，2012年06月01日。《光明日报》

# 第三篇　资本化提供转型发展新动力

## 21. 城镇化是田，资本化是水，资本市场是渠

**华夏时报：**中国正在开始新一轮的改革开放，以城镇化为抓手，新四化同步推进，转向内需驱动型经济发展。那么，资本化和资本市场在其中将发挥什么作用？

**孙才仁：**资本市场和资本化对城镇化和实体经济的作用可以概括为：第一给机制，第二给动力。城镇化、资本化、金融化这三驾马车最关键的一块就是资本化和资本市场，资本化和资本市场发展和利用程度决定城镇化的效率。

**城镇化是田，资本化是水，资本市场是渠。**

如果城镇化和实体经济是田，那么资本化就是水，资本市场就是渠。做好资本化这篇文章，就是要解决好水渠的畅通，让资源之水有序流动、充分供应和均匀分布。现实情况是，由于资本市场之渠建设不到位，使得资本化之水分布非常不均匀、不合理，导致实体经济一些地方缺水，“闹水荒”，高利贷盛行；而另外一些地方水过多形成内涝，出现资产泡沫、地产泡沫，这些过剩流动性就会炒

作大蒜、生姜和土豆等各种农产品。

资本化也是企业股份化，从股份制改革、建立股份公司开始，并不复杂。欧洲人有个“缆绳理论”，就是说很多细线拧成一股绳之后，就可以扯起风帆，集中财力办大事，就这么简单。这里面说的就是资本化机制运用。

资本化是市场经济发展的客观要求，也是市场经济的本质特点，是不受人的主观意志决定的。经济生活资本化的过程，就是要改变片面强调社会生产经营活动局限于物质形态运作和资产化、产品化交换，是依靠对经济生活的基本要素赋予资本功能，以及相应的资本市场体系和运行机制，来自发组织和引导经济运行的（王贤玺语，2013 年）。也就是说，生产要素资本化是经济市场化的基础支撑。

通过资本化，进而建立发达的金融市场、资本市场，一个国家和地区就建立了社会资源向实体经济发展转化和配置最有效的机制，企业开展资本运作，依托资本运作支持创新和发展。一旦通过资本化、股份化改造，进入股票市场，建立流通机制，就让资源变活了、流动有效了。如果说资本化是水，那么资本市场就是渠；资本化更多的是讲要素资本化、资源资本化，资本市场则更多的是讲配置资源和资本要素，以及由此带动其它要素配置的机制和平台。

**资本化是经济强国逻辑。**

资本化是强国的逻辑。在历史记载当中，最早的强国是谁？文艺复兴的米兰，意大利。当时以米兰为中心就是一个金融中心，只不过那个金融是一个传统的、初级的金融。真正有意义的金融、资本化开始是哪里？是荷兰开始的。

我们看资本化的历史其实可以追溯至荷兰东印度公司的诞生，距今400年历史。1602年，以荷兰东印度公司建立为标志，具有现代文明色彩的资本化正式开端。很有意思，后来英国也有个东印度公司，这两个东印度公司核心都是资本化，都是股份化。

股份化只是一个开端，以股份化为核心，形成了一个金融资源整合的机制，然后由金融资源整合成规模、成力量之后反过来反哺经济。所以东印度公司之后，紧接着荷兰阿姆斯特丹金融中心就形成了。英国东印度公司起来之后，1688年英国的一次议会革命，让民主政治推广了。它比荷兰高就高在有了民主政治的推动，结合了股份化之后，形成一个伦敦的金融中心，让英国变成日不落帝国。

荷兰的强盛，乃至后来英国的强盛，一直到美国的强盛，无不打上资本化的烙印。荷兰、英国、美国这三个国家强盛的过程，乃至相互取代的过程，它们的强盛和互相替代的过程就是一部资本化历史，是一个金融创新、资本市场发展强盛与更替的过程，它伴随了几乎整个资本主义现代文明进程。

金融和资本化的力量发挥到极致是在美国实现的。美国的资本化时间近200年。美国大国时间、强国时间已有100多年了，到现在还没看出它衰落。靠什么？靠的就是金融创新，靠的就是资本化和资本市场。美国资本市场在其社会经济发展和转型中发挥作用主要是通过华尔街实现的，华尔街代表了美国资本化，支撑美国走向大国、走向强国。

一个国家拥有强大的金融特别是资本市场，企业拥有强大的资本运作能力，就会给它形成国际竞争新优势、科技创新不竭动力、应对经济危机的有效机制。因为资本化、股份化、公司有限责任制度等，不仅提供了社会资金集聚平台和手段，还是引导社会资金聚集和资金与科技结合的最佳路径，股份化和有限责任制度还大大增强了一个国家经济应对危机和失败的包容性①。这些，都是银行信贷支撑的经济体系所不具备的。

为什么我总是强调不能再用传统思维考虑问题？就是因为老套路没办法搞到钱了，搞到了钱用得也未必是地方。资本市场的转化机制和功能把有效资源配置到最需要的地方，这就是资本市场的巨大力量。比如我们山西现在缺什么？就缺这个东西。对一个GDP刚过万亿元的省份来讲，2万多亿元存款少吗？那为什么还感到缺钱？因为我们的资本市场转化机制没有有效建立和运转起来。所以，我形象地比喻山西经济和金融市场的关系，就像贯穿山西南北的汾河一样，把西岸的资本和资金要素与东岸的企业与实体经济需要隔离开了，中间缺少资本市场这座桥。

①《华尔街》这部电视专题片里讲过：通过公司法人和股份有限责任制度的建立，实现所有者和法人的有限分离，在此基础上又引入了破产制度，也就将企业经营失败的损失有限控制起来，从而通过金融创新建立了近现代企业风险控制制度。这是市场经济条件下通过金融市场和金融运作形成的社会对企业创新发展的重要“容错机制”，西方发达国家就是依靠这种来自市场机制层面的包容，实现了金融创新对科技创新的巨大推动作用。

## 22. 华尔街四大金融创新事件给人深刻启示

**华夏时报：***金融与产业(或科技)是世界强国的两翼，同等重要，在您看来金融或者说华尔街是如何将美国推向世界强国地位的？*

**孙才仁：**在美国的资本化、金融化和资本市场历史上，与华尔街有关的四大金融创新事件是有标志性意义的。

**第一件事情就是伊利运河的开通。**

这是美国人运用资本化的手段，干的第一件让美国经济走向交通现代化的事情。当时背景是：纽约州长到华盛顿向总统要钱，当时联邦政府财政收入2000多万美元，而开凿伊利运河需要700万美元。怎么可能给你？后来华尔街得知这个消息之后，就给发债。当时是用发债的方式完成了伊利运河的建设。1817年开建，1825年完成。之后和之前是什么对比效果？美国的西部是小麦产区，东部需要粮食主要靠西部供应。陆运运输需要一个月时间，面粉成本在西部40美元，用传统办法运输到东部一个月时间变成120美元一袋。开通之后，运输时间变成九天，价格降低了三分之二。这就是美国交通现代化的开端。美国人很聪明，紧接着开始通过发行股票的办法搞铁路。1830年美国第一条铁路建成，1850年就搞了三十几个铁路公司上市。那个时候美国什么股票最火？铁路公司股票。

**第二件事情是1861年到1865年的美国南北战争。**

你们能想象资本化和战争挂上钩吗？可确实就是这样。这五年打下来，全美耗资150亿美元，其中北方靠发债融资27亿美元。当时我们看电影应该有印象，开始是南方胜的，南方很富的，农场主很富的，地主、庄园主势力很强的，所以，南方开始是占有优势的。打到胶着状态之后，这时候华尔街介入给北方发债融资，发过人均5美元的爱国公债。因为战争打的就是钱，南方是农场主支撑的经济体制，跟中国清末是一样的，是封建农场主支撑的政体和经济，靠消耗农场主的积蓄和税收来支撑战争。华尔街在北部，最后北方把南方打败了，北方就比南方多融了不到30亿的战争债券。最后就靠这个，取得了不是军事上的胜利，实际上是金融的胜利。南方一个将军自己承认的，“南方的失败是败在金融上了”。

**第三件事情就是19世纪末期的企业大并购。**

19世纪末期，由华尔街挑起的，以摩根家族为代表的商业银行、投资银行（风险公司）、私募基金三股力量共同介入的，推动了美国第一场大并购。美国100年前就开始依靠并购强国，从钢铁企业并购开始，延伸到石油企业、延伸到铁路，我们政治经济学上讲的托拉斯就那时候形成的。1893年，美国钢铁、铁路和石油业大并购是美国第一次转型的开始。这是美国历史上五次大并购的第一次并购，背后推手就是华尔街，就是靠资本化完成的。

紧接着到“一战”前后开始第二场并购跟上来了，第一场并购是横向并购，第二场并购叫纵向并购。就这两次并购，“一战”结束时，美国就成为世界强国了。为什么成为强国？看欧战片，“二战”的时候，没有钢铁，没有汽油，德国就败了。英国、法国等欧洲国家为什么能打过去？美国源源不断输送武器、输送坦克、输送大炮，就这么简单。“一战”、“二战”打什么？打的就是钢铁和石油，恰恰美国在这个时候完成了这几大产业的并购，所以它能成为霸主。美国至今已进行了六次大的并购，每一次大并购都会推动美国的产业结构和企业结构及国际竞争力的调整和提升。

**第四件事情是20世纪80年代的大转型。**

你看看现在世界500强企业中领先的美国现代新兴产业的企业，在上世纪70年代无一例外背后都有私募基金的身影。百度的创始人李彦宏是山西人，支持他创业的第一笔资金150万美金，就是私募基金提供的。私募为代表的资本市场新兴力量在七十年代开始展现出巨大能量，帮助美国在八十年代陆续培养出领导世界新兴产业的力量。以私募股权投资基金为推手，以资本市场为依托的美国互联网、计算机、通讯、生物医药等新兴产业的兴起，助力美国在发达资本主义国家中率先走出滞涨，实现领导世界四十年的大转型。使美国这个政治经济学理论上认为即将腐朽的帝国主义国家摆脱了滞涨，躲过一场生死劫，反而是前苏联解体、东欧巨变。美国这次转型成功，被认为是“科技+资本+市场”的组合效应结果，这里面也包括硅谷、纳斯达克交易所的贡献。说明金融创新和科技创新的完美结合，会激发出巨大的生产力，对生产关系的反作用会一定程度支持一个社会继续健康发展。

在讲到美国金融创新与科技创新结合的成功历史时，我们不能不捎带着说说欧洲。我们知道，从上个世纪七八十年代西方发达国家陷入滞涨和摆脱滞涨的奋争开始，欧洲落后美国十年。直接表现是欧洲产业转型升级不力。深层原因是欧洲金融体系结构不合理、市场化程度不如美国，主要是金融体系以商业银行为主体，资本市场不发达，缺乏一套支持创新和产业升级的机制[①]。

支撑美国霸权地位还有第二个因素，就是金融化。美国在资本化基础上又从上个世纪七十年代开始推进了金融化。就是以外汇期货、利率期货和股指期货的推出为代表，逐步形成了美国在世界经济中的金融霸权和美元霸权，由此使美国成为全球金融市场的决定力量，这两大要素支撑美国到现在。

## 23. 曾经的世界第一制造大国与票号之殇

**华夏时报：**山西的票号曾经也很发达，汇通天下，被称为中国金融史上的骄傲，后来为什么没有持续下来并能推动中国经济走向强盛呢？

**孙才仁：**本来山西票号如果接受了资本主义理念，接受了股份化的改造，山西也可能是现在的国际金融中心，可是我们擦肩而过了。

中国在19世纪中后期是什么概念？世界制造业第一大国。光

① 撒切尔夫人很久之前说过，欧洲的高科技水平落后于美国，不是因为欧洲的科技水平低下，而是因为欧洲的风险投资和资本市场落后。在祁斌同志主编的《未来十年：中国经济的转型与突破》里还介绍了IMF经济学家在2007年做的一个对17个国家过去50年经历84次经济金融危机后复苏速度的统计：资本市场主导的美国、加拿大、英国、澳大利亚4国在危机后经济反弹速度最快，而银行主导的西班牙、奥地利、葡萄牙、比利时、德国和意大利6国速度最慢，说明了金融市场体系和结构与经济弹性的紧密关联性。

我们制造业在全世界就占33%，当时英国占5.2%，美国占1.8%。可是到了1900年，美国占了15.8%，中国降为15.11%，英国变成9.45%，发生很大变化。但是更大变化在哪里？发展道路、运行机制发生重大差别。比如社会融资、资源配置机制上，就与英美产生重大差别。人家靠资本化，我们靠征税。那个时候我们这个资本主义萌芽，没有像英国那样战胜封建主义。

微观上讲，没得到发展最直接的体现是山西票号衰落①。山西

① 到底是什么铸成了票号的败局？外资银行最大的优势是什么？国人反思的结论是：资本和股份制。1896年《申报》头版头条刊登了一篇文章——《中国宜设银行论》。文中举例，汇丰银行公告其资本已达一千万元，公积金五百七十万元，又另备股本一千万元。虽是英资银行，但在筹资资本过程中却积极吸引“华人股份”。相比之下，票号的资本就远不如这些来自老牌资本主义国家的外资银行。原因之一，就是中国人经商的“乡土意识”太浓重，票号的东家、掌柜、伙计基本都是山西人，筹集资本也主要局限于本乡、本土，股东往往有着亲缘联系、地缘联系。票号的资本自然就无法与广泛募集资本的外资银行相比。资本的困局摆在眼前！要想破局，首先要改变筹资方式和运作方式，向新式金融机构--银行学习、借鉴。蔚泰厚票号北京分号掌柜——李宏龄，一边关注着华资银行的兴起，一边又在担忧着票号更加艰难的局面。1908年，他联络了北京的票号同仁，以京都祁、太、平三帮票号的名义分别向山西多家票号的总号发出倡议信，希望总号经理和票号的东家能够合组一个大银行，广泛募集资本，学习西方银行的经营管理模式，重振山西金融业。在多方游说下，有些票号的总经理和东家开始考虑票号合组银行事宜。然而，票号总号所在地的总经理、东家们对外界的认识远比不上分号的经理们，这与票号的机构分布特点是有关系的。票号的总、分号布局与银行恰恰相反，外资银行进入中国后，总行都设在开放度高的大城市；而票号的总号却设在信息相对闭塞的内陆省份——山西，分号经理们期盼改革的迫切心情是一些总号的总经理和东家们无法体会的。合组银行遭到了票号业内部“顽固守旧派”的激烈反对，有的人甚至还怀疑分号经理们有“造反”的嫌疑，故意夸大事实，谋取私利。蔚泰厚票号的总经理毛鸿翰在当时山西票号业中有着举足轻重的地位，他以满不在乎的态度将合组银行的倡议信“束之高阁”，甚至在各分号敦促总号尽快决定自办银行时，大发雷霆：“银行之议系李某自谋发财耳！”耗尽心血的李宏龄听到这样的话，“如冷水浇背，闭口结舌”，气得吐血，一病不起。之后，由于得不到足够的支持，很多人投入合组银行的努力也就付之东流了。山西票号没能够抓住改革的契机，重新赢回乘风弄潮的昔日风光，就注定要在接下来的巨大风浪中折戟沉沙。参见孙才仁主编《资本的魅力》，P60，2012年，人民出版社。

票号确实创造过中国金融的辉煌历史，但同样由于金融固化而失败。我一次参观乔家大院之后，导游启发了我，他先讲辉煌，讲完之后他也没说衰落，只是讲当时有一个插曲，乔家也有票号，在北京也有分部，派驻的年轻人比较能接受新生事物。当时资本主义已经在中国滋生了，股份制和现代银行的概念已经有了，当时上海的交易所有上百个。北京的伙计回家跟老板说能不能把票号变银行，把银行变成股份公司。老板说不行，这买卖怎么能让别人掺和，得自己干。

我认为，山西票号消失的原因有很多，但根本是思想落后、保守，没有向现代银行业转型，没有嫁接19世纪末20世纪初在中国东部上海、天津兴起的资本主义，没有跟上资本化这个浪潮，没有嫁接股份化，没有股份制改造，因此失去了聚集更大力量和提升抵御风险能力的机会。今天的中国虽然开启了股份化、资本化的大门，但是，我国现在仍然是储蓄为主、银行信贷为主的金融体系，金融业和金融市场仍然是国有企业一股独大，社会对资本市场及其相关制度的认识、接受程度和配套性还很差，资本市场活力有限。这些都局限了我们的企业创新活力和经济转型能力、纠错能力。

今天的中国又一次拥有了世界第一制造大国的头衔，但是，我们的金融和资本化水平没有跟上来。制造大国之后的中国经济转型能否成功，是我们的世纪梦想，值得我们深刻思考和认真应对。

## 24. 日本："失去了 20 年"

**华夏时报**：*日本经济曾经是全球第二大经济体，创造过辉煌，它的资本化历史并不短，股市规模也在世界前列，但是，日本经济在经历 30 年"增长奇迹"之后，却无奈地陷入低谷，甚至被中国赶超。您觉得有什么值得我们汲取的？*

**孙才仁**：日本没有发展好资本化和资本市场，造成上个世纪 90 年代泡沫破裂，经济增长陷入困局，被称为"失去的 10 年"，而我认为日本是"失去了 20 年"①。这是他们自己的官员都承认的。日本在宏观操作上只注重了财政和银行，结果经济增长长期依靠发行国

---

① 1985 年 9 月，日本与美欧发达国家签署"广场协议"，日本泡沫经济之路由此开始。美国的压力致使日元汇率一路飙升。快速的汇率上升导致日本经济增长率大幅下降，出口急速衰落，大量矿业和制造业的企业宣告破产，钢铁业各大公司在这一年纷纷宣布实施"暂时回家"和"自愿退职"等计划。为应付"日元升值不景气"，日本中央银行、政府先后实施了扩张性货币政策和扩张性财政政策，日本经济出现了表面上的空前繁荣。但是，由于国内经济低迷，内需不足，企业对生产的投资兴趣非常低，扩张性的货币政策所释放出来的流动资金无法被产业吸收，反而投向股票、土地和不动产市场，造成股市和房地产市场价格持续上涨。同时以间接金融为主体的金融体系加速了泡沫的膨胀。1975–1984 年间，在日本间接融资占社会总融资的比重高达 89.7%。同时银行业缺乏竞争，效率低下，在资金投向方面考核与监督力度也不够。这使得泡沫膨胀时期，资金大量从银行流入"泡沫产业"，造成经济泡沫破灭后巨额不良债权的形成。1990 年，东京都地价总额相当于美国全国的地价总额，制造了世界历史上空前的房地产泡沫。1985 年至 1989 年，日经平均指数从 13113 点上升到 38916 点，不到五年的时间增加了两倍。东京证交所上市公司市值总额从占 GDP 的 51%上升到 130%。为了防止危机的发生，1989 年，日本中央银行改变了货币政策的方向，实行紧缩性货币政策，不到一年时间官方贴现率提高 4.5 个百分点。1990 年 3 月，大藏省实行抑制土地融资的政策，限制金融机构投向房地产、非银行金融机构的资金。过急过快的信贷紧缩犹如一根银针，无情地刺破了日本的经济泡沫。1990 年 1 月 4 日，股市崩盘，全年股票价值暴跌 70%，房地产价格也急剧下降，并持续了 14 年。在金融收缩过程中，企业的资金周转状况日益恶化，流动性严重不足，纷纷抛售持有的金融资产，使得资产价格暴跌，房地产抵押

债，靠银行贷款。有人说日本政府现在负债足够它偿还300年！政府投资的效果就不必多说了，中国人都有体会。社会资金大量滞留在银行储蓄环节，不得不经由银行转化到实体经济。当实体经济面临转型困惑时，资金不是流向企业，而是流到股市和房地产。日本的企业虽然是股份公司，但家族色彩浓厚，形成了家族企业、家族银行的"特殊联盟"。所以，经济增长后期需要转型时缺乏拉动转型机制，经济增长急需输血的时候，经济体系的输血机制不支持，银行搞不动，财政也搞不动。当经济遭遇风险和1998年亚洲金融危机时，缺乏有效风险分担机制，导致银行体系危机和破产。

还有一个原因，就是政府鼓励资本输出，大量的"过剩产业"往外转移，造成所谓的"产业空心化"问题。

美国现在也有这个问题，但为什么没有成为美国经济发展的包袱，或者产生足够大的负作用呢？因为美国掌握金融霸权，通过美元的国际货币地位乃至价格定价权控制全世界经济，它是全世界的老板。美国不仅可以通过资本输出，分得全世界的人口红利，获得世界发展的利益；由于拥有本土发达的国际金融实体和强大的金融产业体系，以及美国企业掌握着世界金融创新领导权和市场规则控制权，美国还能通过制造和利用危机豪夺世界财富。[①]日

---

贷款无法增加，经济陷入恶性循环之中。加上1988年《巴塞尔协议》要求商业银行最迟在1992年实现资本充足率8%的达标要求，日本的银行由于股价下滑，自有资本缩水，开始"惜贷"，并加紧回收贷款，造成大量企业破产倒闭，金融机构也因不良债权的拖累陷入危机之中。参见《资本的魅力》，P90，人民出版社，2012年。

① 据证监会副主席姜洋同志介绍，IMF在2010年4月有一份统计显示，2008年这场金融危机总共造成全世界损失约2.8万亿美元，占美国GDP的57%，其他国家分摊了43%。参见祁斌主编《未来十年：中国经济的转型与突破》，中信出版社，2013年。

本做不到当全世界老板的程度，日本的金融国际地位近些年不是提升了，而是退步了。这一点值得我们警惕，在“走出去”上面要实事求是，符合国情和长远战略，不能简单化。

其实，那时候日本也提出“扩大内需”和“科技立国”。但是，扩大内需只是政府一厢情愿，科技创新不是一日之功，也不是靠简单的增加资金投入就能奏效。至于扩大内需，则存在一个空间在哪里的问题。这都是日本经济当时的问题。另外一个车轮即可替代银行间接融资和政府公共投资的资本市场直接融资没能发挥出作用。要强调的是，资本市场发达决不是股市“价格繁荣”，而是市场的层次性和创新性，以及市场覆盖面和活跃度、参与度等。

当然，以上是从日本经济的结构失衡和转型不力角度讲的。这并不是说日本经济发展一无是处。相反，上个世纪80年代以后，日本经济综合实力并不弱，日本的国际地位是上升的而不是下降的，尤其日本的科技实力、企业素质和国民素质。

## 25. 解读资本市场的六大基本功能

**华夏时报：**您曾经对资本市场功能概括为六个方面，就是直接融资、资源配置、现代企业培育、财富形成、风险管理和先进文化培育。您能否具体做一解读？

**孙才仁：**对资本市场功能的解读有多个版本，也可以从不同角度加以阐述的。我是从实体经济和社会需要层面去理解并提出资本市场六个功能。从中我们可以感受到“资本市场提供经济转型发展新动力新机制”的结论是站得住脚的。

**第一，强大的直接融资功能。**

直接融资，就是资金供求双方通过一定的金融工具直接达成的债权债务关系的融资方式。间接融资，就是资金拥有者把自己的资金存托到银行等金融中介机构，再由银行等金融机构以自己的名义用贷款或投资方式提供给资金需求者，资金拥有者与需求者之间不形成直接债权债务关系。

社会资金的融通仅仅因为直接与不直接，就产生了天壤之别。首先，就是金融和投资风险的识别与承受机制产生截然的差异。直接融资风险由投资者自行承担，相比银行替代投资者承担，不仅有投资者真实意愿表达方面的差异，显然还具有风险分散的效果。其次，直接融资更能体现投资者的偏好和选择意愿，通过直接融资方式引导投资方向的作用更明显些，更市场化一些。第三，资本市场直接融资还具有低成本、多次融资、多层次和多样化融资的特点。比如，仅就融资方式讲，企业可以公开或私募方式发行股票，发行公司债、企业债、票据，还可以用资产证券化方式进行另类融资①，

① 资产证券化(asset-backed securitization)，是指将缺乏流动性的资产，转换为在金融市场上可以自由买卖的证券的行为，使其具有流动性。它是以特定资产组合或特定现金流为支持，发行可交易证券的一种融资形式。传统的证券发行是以企业为基础，而资产证券化则是以特定的资产池为基础发行证券。在资产证券化过程中发行的以资产池为基础的证券就称为证券化产品。自1970年美国政府国民抵押协会，首次发行以抵押贷款组合为基础资产的抵押支持证券–房贷转付证券，之后，资产证券化逐渐成为一种被广泛采用的金融创新工具。具体包括四种方式：一是实体资产证券化，即实体资产向证券资产的转换，是以实物资产和无形资产为基础发行证券并上市。二是信贷资产证券化，是将一组流动性较差的信

还有私募股权基金投资等等。第四，由于股市投资着眼企业未来发展前景的"价值判断未来性"特点，使资本市场还具有突出的杠杆性特点，能够高效融资。同样规模的企业通过股市直接融资通常能够达到传统银行贷款可支配规模的数倍，且企业上市后资产几何级数扩张又进一步提升融资能力。比如，山西一个民营制药企业，上市前资产也就是10亿元左右，上市的时候一次性直接融资超过10亿元，到2011年末，这个企业的净资产扩张4倍多，还可以以此再进行10–20亿元的债务性融资。如果该企业改用依靠银行贷款和举债方式发展，那么，它的融资能力不是10亿元，而是5亿元。

**第二，高效的资源配置功能。**

首先，资本市场是一个没有疆界、关系简单、直接连接投资者与资本需求者的市场，通过资本市场平台，企业可以面向风险偏好和收益预期不同的广大投资者发行股票，实现资本的跨地区市场化集聚功能，增加选择余地。其次，有了发达健康的资本市场，人们就可以不再像过去那样把钱存在银行，再由银行判断贷给哪个企业，而是投资者和需要资金的企业之间双向判断、直接交易，这种直接融资方式相对便利，直接连接资源供给与资源需求，具备资源流动与配置的直接性和高效性，提高了投融资效率，同时为社会投

---

贷资产，如银行的贷款、企业的应收账款，经过重组形成资产池，使这组资产所产生的现金流收益比较稳定并且预计今后仍将稳定，在配以相应的信用担保，把这组资产所产生的未来现金流的收益权转变为可以在金融市场上流动、信用等级较高的债券型证券进行发行；三是证券资产证券化，即证券资产的再证券化过程，是将证券或证券组合作为基础资产，再以其产生的现金流或与现金流相关的变量为基础发行证券；四是现金资产证券化，指的是现金的持有者通过投资将现金转化成证券。

资建立了一种共同分担风险和分享收益的机制①。第三，资本市场具有相对发达和公平的利益传导机制，社会参与性较强，具有较强的公平性、未来性和透明性，股份制度的存在和资本市场的发展，很大程度上方便了企业与投资主体的交易与转换，很好地促进了资本所有与经营、产品经营与资本经营的分离，使社会资源最大限度地被有效配置和利用。譬如，数以亿计的投资者关注股市，就是关注上市公司，众多人看好的企业、技术，也就意味着股民看好企业未来成长性，利于社会资金支持创新发展。这就是资本市场推动科技创新和培育新兴产业的一个很好的机制，真正的新兴产业、战略产业是资本市场培育出来的。第四，以上市公司作为并购主体，天然地具有了高对价能力和撬动更多资产的收购能力，是提高资源配置效率的重要力量所在。所以资本市场发达的国家通常也是企业并购活跃和产业整合效率高的国家。从这次世界金融危机开

① 在硅谷素有“第二条华尔街”之称的街道上，林立着无数风险投资机构。这些风险投资公司给高科技公司的开创和发展注入了鲜活的血液，实现了资本与高科技的完美结合。可以毫不夸张地说，没有风险投资就没有硅谷，没有硅谷就没有美国的新经济时代。1976年，美国斯坦福大学的学生史蒂夫·乔布斯和斯蒂芬·沃兹奈克利用一台微处理机，再接上电视和键盘，开始制作个人计算机。在他们成功制造出第一台PC机，接收了50台产品的订货之后，却为如何获得大量的生产资金而伤透了脑筋。他们不停地寻找银行家贷款，但几乎得到同一个答案：没门。有一位银行家听了他们的介绍后，对他们说：“我可以给你们10万美元，但这不是普通的10万美元，而是与你们来一次赌博。如果你们的产品做不成功，我分文不要你们偿还，倘若你们的产品成功了，赚钱了，我要与你们匀分一部分利润。”后来，这位银行家拉了几位银行朋友一起，总共贷给这两个年轻人60万美元。从1976年推出第一台样机开始到1981年的5年间，苹果公司内部出现的百万富翁多达300个。同时，1976年贷款给苹果公司的那几位银行家，总共获得了243万美元的回报。80年代之后，美国的风险投资公司风起云涌，风险投资规模从1958年的25亿美元迅速增至400~500亿美元，成为高新技术产业化的“孵化器”。参见《资本的魅力》P75。

始,我国以上市公司为主体进行的企业并购快速增长。2006—2009年我国有141家上市公司进行了并购重组,涉及金额高达8866亿元,是2002-2005年的40倍;上市公司并购交易额在境内并购交易总额中所占平均比重由18.25%上升到48%。2009年以来,上市公司的并购重组活动愈加活跃,共有157家上市公司在年内推出或实施了重大资产重组方案[①]。

**第三,科学的企业培育功能。**

资本市场能帮助企业打造百年老店。企业上市不仅拓宽融资渠道,而且上市首先须进行股份制改造,建立现代企业制度,实现制度战胜人性。健全的法人治理结构、全方位的社会监督和监管机制、企业内部决策层面的三权分立机制,解决了国有独资企业和家族制企业天然的不足。股份化为企业和企业家提供了包容机制和纠错机制。企业上市之后相当于不花钱打广告,它具有市场竞争替代效应,帮助企业抢占市场制高点。加上股份公司上市后具有直接方便的融资优势,是支撑科技创新的最有力要素,帮助企业延长了寿命。资本市场因其为上市公司提供的高效融资、几何级数撬动投资和跨周期发展效能,直接增强了企业技术创新能力和产品更新速度,有助于打造企业的核心竞争力。资本市场未来将在中国经济转型发展、产业结构优化升级、企业并购重组之中发挥重要作用,提高中国新兴产业培育和企业并购的成功率。山西的上市公司虽然不多,但是,其中的国有控股上市及其集团公司基本都是省内骨

① 参见《资本的魅力》P17。

干龙头企业，2009年山西一家煤炭能源类企业山煤国际成功借壳上市公司中油化建，当年实现净资产由42亿元到200亿元的扩张，截至到2011年底，该公司净资产实际扩张了12倍，还取得了骄人的发展业绩。山西省内还有几家早些时候上市的民营企业，现在的资产也大都数已百亿计，它们和国有企业一样，成为推动山西转型跨越发展的重要力量。

**第四，崭新的财富形成功能。**

与中国个人金融资产64%为储蓄存款、14%为证券资产的结构相比，美国个人金融资产的70%为证券资产；与中国养老金占GDP比重7%的水平相比，美国占73%；与中国股市投资者散户占80%相比，美国股市机构投资者占80%。这说明，中国的社会财富形成能力和社会养老金积累机制比发达国家严重不足，而美国个人金融资产这种高水平结构得益于其拥有发达的资本市场。一是从长周期效果看，上市公司通常是企业精英，构成一个国家或区域经济的主力，加之资本市场容量巨大，且长期走势基本反映一国经济发展水平和质量，因此，它是能够带来稳定投资增值的特殊市场平台。二是资本市场存在大量的风投基金、私募股权基金、商品基金、公募基金、养老基金等机构投资者，使资本市场成为居民特别是中等收入阶层理财的重要平台。三是大量社会资金通过专业机构投资者实施投资布局，其选择能力优于个人，这是资本市场发挥资源配置功能、有利于培育新兴产业的重要内在因素，也使居民财富增值更加贴近经济增长最有活力的领域。四是通过资本市场将大量社会资金集聚到基金等机构投资者手中开展投资，等于帮助一个国家培育了强大的金融投资机构群体，成为国际竞争力的重要组成部分。

**第五，独特的风险管理功能。**

资本市场体系中的期货市场客观上具有风险对冲功能和价格信号功能，可以提高企业应对市场价格波动的能力，稳定经营成本和效益，确保财务质量，打造全产业链生产经营体系，推动企业管理创新。资本市场还有期权、掉期、对冲基金、商品基金等金融交易工具和产品，也能为企业提供风险对冲手段。仅仅从期货和期权两种套期保值的效果讲，长期来看，进行风险对冲的企业平均利润要高于全社会平均利润①。因此，以套期保值为核心的市场化风险管理技术越来越成为各国企业特别是大中型企业培育核心竞争力的重要途径。

我国在 20 世纪 90 年代初开始建立期货市场，本世纪以来又特批了 30 家国有大中型企业到海外期货市场开展套期保值业务，为企业顺应金融化潮流提供了舞台和工具，并取得了良好效果。在 2008 年金融危机、大多数粮食类企业亏损达到 50%-60%的情况

① 在风险与收益图中，经济发展、企业发展有三条曲线：平均利润线、风险对冲曲线和非对冲企业利润线。全社会平均利润线是一条高于横轴的平行线；围绕平均利润线上下平缓波动的波浪式曲线，即风险对冲曲线；而围绕平均利润线和风险对冲曲线上下剧烈波动的曲线则是未做风险对冲时的企业利润线。非对冲企业利润线代表企业尚未建立起现代企业制度，不会运用资本市场多重功能也不曾进行存量保护的企业波动线。根据风险对冲曲线，在经济运行到高峰期，不进行风险对冲的企业获利更多，而进行风险对冲的企业由于锁定成本和利润，获利相对较少，甚至达不到企业利润线波峰的高度；反之，当经济运行到谷底，进行风险对冲的企业面临的风险较小，而不曾进行风险对冲的企业则会面临生存危机。参见《资本的魅力》P18。

下，一家有六十年历史的中国元老级粮食企业不仅没有亏损，反而因早早开展了套期保值业务，通过套期保值头寸为企业赢得了巨额对冲盈余，企业借此在危机时期保持了良好的财务结构，并因此在那一年成功收购了蒙牛，实现了向其他领域的扩张和企业的历史性腾飞。我曾经讲过，有朝一日在世界四大粮商之外如果出现第五大粮商的话，那么，这个桂冠当属该集团。期货市场套期保值功能对于提升我国某些行业的整体风险抵御能力也已得到了充分显现，特别是在2008年金融危机时期，其作用更是展示无遗。相反，我国一些行业的企业缺少套期保值业务保驾护航，在历次的金融危机或国际市场波动中，都吃了不少亏，尤其我国的大豆加工行业最典型①。

**第六，有效的资本文明培育功能。**

我概括的资本文明是七个文化：股权文化、诚信文化、规范文化、公平文化、竞争文化、透明文化、前瞻文化。一个成熟的资本市场平台要同时集这几个文化于一体。只要一个地区经济发展和利用好资本市场，大家主动和资本市场嫁接，用资本市场观念和理念思考工作，我们的企业就能在资本市场海洋当中游泳，我们就能有像样的资本文明。而资本文明的培育，有利于我们培育经济高效运

① 2004年我们从国外进口大豆后，国际市场价格下跌了35%，当时国内只有30%的企业进行套期保值业务，结果全行业亏损合计80亿元；而2008年金融危机期间，大豆等粮油价格下跌更高达50-60%，但是国内相应行业只亏损14亿元，因为这时的中国企业已经有86%参与了套期保值业务。我国钢铁企业近些年经营波动非常大，亏损非常厉害，但是，有色金属行业亏损却很有限，主要原因就是有色行业的产品市场化程度高，有色企业几乎普遍开展了套期保值。参见祁斌主编，《未来十年：中国经济的转型与突破》P50，中信出版社。

行的文化环境和土壤。大家都知道华尔街厉害、能创新，那么它厉害在哪里？是环境和土壤不一样，华尔街是以资本文明为基础培育出来的充分竞争、公平、透明、自由的金融市场。我们通过发展资本市场也可以把这个环境培育好。尽管我们的股民对上市公司还有各种不满意，但我们可以明确地讲，上市公司总体还是我国企业群体中的优秀分子，因为它们是在资本文明的培育和约束下成长发展的，就像我要说的，在13亿人口中，广大股民是市场化意识、民主意识、法治意识和维权意识最强的一个群体一样。

资本市场六大功能中，最重要的是融资机制、资源配置机制和风险管理机制，解决钱从哪里来、往哪里去以及如何保障安全的问题。

## 26. 十八大目标与资本市场的神圣责任

**华夏时报：**听说您曾结合对党的十八大精神的解读，提出了资本市场可以在深化改革和转型发展的几十个方面发挥作用。请您详细介绍一下？

**孙才仁：**资本市场依托它所提供的动力供给机制、资源优化配置和风险对冲管理机制，其作用几乎贯穿在十八大报告规划的各项重要改革和转型发展任务中。

**在经济持续健康发展方面。**

一是资本市场是最好的配置资源的市场，为“转变发展方式取得重大进展”提供新机制、新路径；二是对经济增长的动力支持和居民收入渠道多样化的支持，是“GDP 和人均收入翻番”的重要支撑；三是可以超越信贷限制，为城镇化建设提供多种融资工具；四是并购重组、资源配置等功能，可以提高产业集中度，支持工业体系建设和提升工业技术层次，推动工业新型化进程；五是可以帮助农业龙头企业上市融资和并购重组，帮助农业企业管控价格风险，稳定经营，提升竞争力；六是可以在融资和并购、市场定价机制等方面，帮助企业提升国际市场话语权和国际竞争力。

**在文化软实力显著增长方面。**

一是资本市场可以培育公平、透明、诚信、规范、竞争、前瞻等社会文明；二是通过支持文化企业上市，培育文化龙头企业；三是创新适宜的金融市场、工具和服务，可以使更多的文化企业获得金融支持；四是建设文化产品交易平台，可以激活文化产品和要素的流动性，提升文化创意和文化产业的发展活力。

**在人民生活水平全面提高方面。**

一是通过资本市场鼓励社会资金多渠道流向创新创业领域和中小企业，支持中小、科技、民营企业健康发展，促进就业，改善民生；二是健康稳定发展的资本市场和多样化的资产管理机构与业务创新，可以为社会保障基金提供多样化的投资渠道和工具，有利于基金保值增值，提高人民生活水平和保障水平；三是可以为“多渠道增加居民财产性收入”提供平台、路径和工具支持；四是资本市场政策和工具创新，可以为发展老龄服务产业提供融资支持。

**在人民民主不断扩大方面。**

一是资本市场是培育和传播股权文明、诚信文明、法治文明、契约文明的重要平台，有助于培育民众的现代文明意识；二是资本市场法规和监管促进上市公司等市场主体规范透明、科学经营，引导企业文化和诚信文明建设，为社会提供文明支持；三是资本市场和资本运作有助于推进市场化改革，从而有利于经济生活市场化和民主化。

**在资源生态文明建设方面。**

一是资本市场的资源配置机制、融资支持机制，可以助力节能低碳产业和新能源、可再生能源产业发展，支持海洋强国建设；二是在资本市场层面开展节能、碳排放权、排污权、水权交易试点，有效汇集资金、升级技术，形成规模效应，实现节能减排和生态补偿与保护；三是资本市场的话语权形成机制和风险管理功能可以助力国家能源安全。

**在转变方式的"四个着力点"方面。**

一是资本市场作为最佳资源配置平台，可以最大限度激发市场主体发展冲动，提供发展动力；二是提供多渠道资金供给动力、退出机制，为创新参与各方提供财富增值和实现渠道；三是通过并购重组促进创新能力的整合、价格信号作用引导创新走向；四是大力发展资本市场产业集群，不仅丰富现代产业体系，而且通过强化金融服务，有利于促进资本市场与其他产业发展的嫁接；五是高效率融资通道、并购优势、套期保值业务，都可以增加我国企业国际竞争的新优势。

**在全面深化经济体制改革方面。**

一是通过资本市场平台、股份制和股权文化的作用，有助于公有制、非公有制经济之间的共存共荣和互相融合；二是通过尊重、引导和利用资本市场的配置功能，可以减少宏观调控行政政策手段直接面对经济生活的做法，增强政府经济活动的“机制性”，更好发挥政府作用；三是解决好资本市场和保险市场的短板问题，可以进一步完善市场经济体系，化解金融风险，提升市场的资源配置功能；四是丰富金融产业体系的企业主体，在证券、基金、金融控股公司层面加大民营化力度，破解金融业“民营歧视”，是落实“加快发展民营金融机构”的重要举措；五是推进资本市场深化改革，创新金融模式，提升资本市场创新能力、服务能力、控制风险和应对外部风险的能力，对于“提高银行、证券、保险等行业竞争力，维护金融稳定”具有内生意义。从基层政府的普遍诉求中，我隐约地感觉到，如果把资本市场搞好了，作用发挥好了，很可能会助市场化改革和机构职能改革一臂之力。

**在实施创新驱动发展方面。**

一是发展并购基金，帮助企业并购海外技术和企业，是提高引进消化吸收再创新能力的新途径；二是发展风投、股权投资基金、创业板市场、产权和技术交易市场，鼓励各类资产管理机构创新，可以推动科技和金融紧密结合；三是科技创新型高新技术类企业上市和利用资本市场多样化融资工具，形成有利于创新的市场体系、融资机制和服务体系，实现科技和金融两轮驱动；四是资本市场提供的风险共担共享机制，有利于资源向高新技术产业集聚，加速科技成果转化，提高国家创新能力。

**在促进经济结构调整方面。**

一是资本市场作为优化资源配置的重要平台，可以迅速集聚大量资金，为结构调整开辟增量资金渠道；二是可以通过并购等有效引导各种生产要素、优势资源向核心区域和政策扶持区域集聚，引导产业有序转移，促进结构调整和产业升级；三是资本市场融资机制和并购优势，可以支持大企业延长产业链，优化企业结构，提升发展力、竞争力和资源利用效率；四是资本市场的多样化金融工具和直接融资创新，可以有效满足城镇化建设的融资需求，有利于发掘城乡一体化发展潜力；五是资本市场改革创新的深化，金融服务接地气，将为解决"三农"问题提供许多新思路、新办法。

## 27. 中国资本市场和资本化正在发力

***华夏时报**：从2004年国务院出台支持资本市场发展的《国九条》开始，中国资本市场改革加快，发展加快，规模扩大。如今，中国资本市场的规模和国家经济规模一样，已位居全球前列。那么，我们的市场本身发展效果是否理想，作用是否得到了有效发挥？您如何评价中国当前的资本化进程和水平？*

**孙才仁**：中国20世纪80年代搞股份制改造，90年代搞股票市场和期货市场，经济和企业发展踏上了快车道，二十年走过来，效果初显。现在连世界上都说中国用20多年时间走完了西方发达国家资本市场近200年的道路。足以说明我们的资本市场创新发展速度、力度和成效。

**“十一五”这些年资本市场改革力度加大，发展提速，功能初显。**

一是市场规模快速壮大。到2012年底，上市公司近2500家，股票市值达20多万亿，5年增加8倍多，世界排名由14位上升到第二位；境内股票市场融资2.84万亿元，相当于前15年总和的3倍多。

二是资本市场体系多层次化取得重大进展。不仅有股票市场，还有期货市场、债券市场、私募证券和私募股权基金投资。在原有的上海和深圳证券交易所主板市场基础上，新增了中小板、创业板市场。2013年1月16日“全国中小企业股份转让系统”在北京挂牌运行，人们期待已久的“新三板市场”顺利起航①；债券市场取得快速发展，尤其创新了“中小企业私募债”②，开辟了资本市场服务中小企业的新渠道，公司类信用债发行规模近5万亿元；期货市场快速发展，可交易期货品种快速增加，市场规模跃居世界第一。

---

① 全国中小企业股份转让系统，以被称为“新三板市场”，是由国务院批准设立的全国证券交易场所，其运营管理机构以有限责任公司形式设立，为非上市股份公司股份的公开转让、融资、并购等相关业务提供服务。全国中小企业股份转让系统有限公司正式运营后将承担起全国场外市场建设、发展和运营管理的职责。全国场外市场筹建工作于2012年5月正式启动；2012年9月，非上市股份公司股份转让试点扩大，除北京中关村外，上海张江、天津滨海、武汉东湖等国家级高新区也纳入了股份转让试点园区的范围。截至2012年底，挂牌的园区企业已达200家。

② 中小企业私募债是我国中小微企业在境内市场以非公开方式发行的，发行利率不超过同期银行贷款基准利率的3倍，期限在1年(含)以上，对发行人没有净资产和盈利能力的门槛要求，完全市场化的公司债券，也被称作是中国版的垃圾债。垃圾债最早起源于美国，是信用级别在标准普尔公司BB级或穆迪公司Ba级以下的公司发行的债券，由于其风险较高，对应相对较高的收益，也被称为高收益债。私募债具有高效率的发行备案制度、多元化的发行期限、灵活的债券发行机制(可以设置附赎回权、上调票面利率选择权等条款)，

三是资本市场推动了企业做大做强。从2009年开始，上市公司利润占规模以上企业利润的比重保持在50%以上，2011年达到64%；山西近5000家规模以上企业利润的70%多来自股份制改造的公司。在资本市场机制和平台支持下，我国企业并购作用得到较好发挥，2012年上市公司并购交易规模达到7500亿元，近年来并购规模保持在40%左右的增速，上市公司并购成为中国境内企业并购主体部分，中国进入世界500强企业的92%左右是上市公司或拥有上市公司。2008年金融危机以来，国务院和有关部委先后多次发布支持企业并购重组的政策和指导意见，足见其在转型中的地位和作用①。期货市场发展壮大，为国内参与套期保值的企业提供了锁定风险的重要平台，提高了这些企业的核心竞争力。

四是资本市场带动了企业改制，为科技创新提供了崭新的促进机制。在上市和资本市场融资的引导下，一大批国有企业完成了股份制改造，焕发了活力；广大民营企业特别是创新型企业也积极改制变身为股份公司，其中一部分已经登陆中小板和创业板市场实现杠杆化融资，一部分正在登陆"新三板"和区域股权交易市场，开辟了直接融资新渠道。资本市场引领和助力科技创新的机制在中国得到建立。

---

还可分期发行等；募集资金用途可根据发行人的业务需要而定，包括偿还贷款、补充营运资金，用于项目投资、股权收购等方面，为发行人提供融资的灵活性。该债券品种的创设，开创了中小企业新的融资模式和中长期融资工具，解决了多年来短贷长用问题，降低了融资成本，有利于中小企业进行投融资长期规划。

① 2013年1月，国务院12个部委联合发布《关于加快推进重点行业企业兼并重组的指导意见》。意在培育一批具有国际竞争力的大型企业集团，推动产业结构优化省级。意见涉及汽车、钢铁、水泥、船舶、电解铝、稀土、电子信息、医药、农业等九大行业。

五是在资本市场发展和资本化的带动下，广大投资者也经历了资本文明的洗礼，股市培育出一批财富拥有者，投资功能和财富效应得到一定的体现。目前我国股票市值约占 GDP 的 50%，股民开户数 1.4 亿户左右；社保基金和保险资金试水资本市场投资，获得了较好的年投资回报，明显跑赢物价上涨。2012 年全国社保基金投资收益达到了 7%，已实现收益达到了 4.38%。①

六是伴随资本市场改革的发展，以及相应推进的制度创新和法治监管，提升了中国上市公司和股份公司的社会诚信文明和法治意识，促进了公民和企业素质的提升，对社会进步做出了积极贡献。

七是资本市场的市场化属性造就了资本市场工作部门长期致力于推进市场化改革和创新，为整个经济的市场化进程起到了示范带动作用，也创造了深化市场化改革和建设的有利条件。

八是资本市场不断发展壮大，已经并将继续为我国经济社会长久健康发展提供重要保障。一是资本市场分流社会流动性，化解金融风险，完善金融实体体系的功能作用将逐步得到体现；二是大量的国有控股上市公司的存在，不仅因为是公众公司而赋予国企一定的活力，还可以在未来政府财政困难时刻，帮助社保基金补足亏空，确保基金满足百姓养老要求。所以，各级政府和广大企业必须高度重视资本市场的改革发展，不能置身资本市场之外。

**目前中国资本市场发展和经济的资本化水平还有限。**

一是现在我们的企业发展还面临资金严重紧张问题，特别是

① 资料来自《中国证券报》，2013 年 4 月 3 日。

广大中小企业、创新型企业和民营企业不仅贷款难，上市融资和发债融资都很难，亟待资本市场提供适宜的金融支持。2012 年我国债券发行余额中，77%为政府债券和金融债券，真正属于企业发行的公司信用类债券只有 23%。

二是资本市场投资者结构不合理，股市文化不成熟，股市运行还不稳定，市场容量小，缺乏活力，影响了投资和融资功能的均衡发挥。2010 年我国居民持有金融资产的结构是：存款占 63.8%，现金占 7.6%，股票债券和基金占 13.5%；相反，美国 2011 年股票、基金、养老金和私募占金融资产的 68%[①]。

三是上市公司规范运作意识虽然有了显著提高，但是还是不同程度存在问题，公司质量有待提高。这是影响投资者稳定性、投资功能发挥，进而影响融资功能发挥的重要基础性因素。

四是资本市场整体地位和功能作用离经济社会发展和投资者的需要还有很大距离——以股票市值占 GDP 比、上市公司数量、资本市场在整个金融市场中占比、资本市场内部不同直接融资路径占比等指标的国际比较看，都无法和发达国家比。

所以，评价中国资本市场和经济的资本化，一方面应当充分肯定它的存在和初显效应的事实；另一方面还要看到，我们的资本市场发展历史很短，才 20 多年，在中国金融市场体系中地位有限，作用有限；经济的资本化程度还很不够，山西 5000 家规模以上企业中股份化改造的企业不到 400 家。说明我们的资本化和资

① 参见姚刚同志“中国资本市场的改革与发展”，《未来十年：中国经济的转型与突破》，P32。

本市场发育发展程度很不够，还不能适应经济社会发展和改革进程的需要。

28. 以积极心态正视资本市场发展和功能作用的不足

**华夏时报**：尽管“十一五”期间我国资本市场改革创新和发展取得了很大成绩，但是，股市运行不稳定，长期低迷达5年，上市公司质量不高，市场投融资功能受到局限等问题，可以说与大众的期待和实体经济的需要还有很大距离。对此，社会上也有微词。作为业内人士，您是怎样看待这些问题和不足的？

**孙才仁**：我们不能低估中国金融改革发展在较短时间内取得的成绩，要知道100多年前美国的资本市场可没有中国今天这么规范有序。但是，从国家经济转型和人民大众的热切期待看，从更好发展和发挥功能作用角度讲，也要以科学的实事求是的态度，从积极的视角正视存在的不足。

**加快发展民营金融机构不容犹豫。**

审视我国金融市场、资本市场、资本化、金融化发展水平时，我感到真正的压力和挑战还不是资本化和金融化水平本身，而是其背后潜藏的影响中国金融发展的根深蒂固的一些无形的东西。说这话时，我就想起了中国社会屡禁不止的所谓非法集资、高利贷问题，大脑就不停地浮现温州老板跑路现象、鄂尔多斯企业债务链断裂问题、持续轰动全社会的浙江“吴英非法集资案”问题。包括媒体不断报道的"影子银行"大行其道的问题[1]，既是企业发展需求的产物，也是我国金融市场体系的体外循环风险所在。很多人会暗自发问：为什么这些现象和问题能屡屡发生？为什么全社会钱多得成灾了，可广大中小企业发展还是搞不到钱？为什么政府把持下的金融市场解决不了企业资金需求，却不能让民营机构来服务和满足？我们的金融业和金融市场什么时候能真正让民间资本走上台面、站立起来，也许就会少几个"吴英案"了（特别声明：笔者并不认可非法集资）。

我想起了企业家柳传志的一句话：中国的民营企业家，给他们一点云彩就能下雨。我们的政府部门和干部能不能痛下决心，改变传统的工作思维，学学大禹治水，由"封堵截"转为"因势导"。比如，资产管理公司、私募基金管理公司是资本市场产业体系当中的一个重要支柱，在美国私募基金占金融资产结构的14%。但在我国长期得不到重视，拿不到准生证，草根式发展，规模也仅限1万亿元左右。说明了我国资本市场壁垒和玻璃门问题，金融业和金融市场

① 影子银行体系（shadow banking system），最早由太平洋投资管理公司执行董事麦卡雷提出，意指游离于监管体系之外的，吸纳未经保险的短期资金进行经营运作，广泛采用创造性融资手段，通常由杠杆度较高的非银行机构所组成的金融系统。美联储主席伯南克2010年9月在金融危机调查委员会（FCIC）作证时将影子银行定义为：在被监管的存款机构（商业银行、储蓄机构及信用合作社）之外，充当储蓄转化投资中介的金融机构。我国从2006年开始非传统类融资表现出快速增长，最高峰2010年新增规模达到3.6万亿元，约占贷款的一半。中国式影子银行的发展反映出国内银行监管理念和方法的落后，对于影子银行的迅猛增长势头；影子银行的发展是金融市场发育不完全的结果，当前银行理财产品的投资标的大都是指向票据债券类的产品，而国内的票据发展受真实性交易原则制约，债券发行大都受到行政管制，因此只能通过银行体系的各种腾挪转移方式实现。参见蔡真《中国式影子银行体系的特征表现及成因》，《银行家》杂志，2012年11期。

发展中存在着“民营歧视”。所以，十八大报告明确“加快发展民营金融机构”，是有现实考虑的。

**资本市场发展的结构性欠缺不容忽视。**

那么，究竟怎么看待中国资本市场发育不足和资本化水平不高的原因呢？我觉得，首先，就是资本市场创新发展不充分、结构不合理、体系不健全、运行不稳定。

比如，大家现在关注的股市不景气问题、股市运行不稳定问题，反映了我们的资本市场还不成熟。投资者群体中不缺企业，上市公司大股东占有股票市值的58%左右，加上基金后接近74%；但是，在资本市场交易中却严重缺乏机构投资者，出现了60%的企业投资者贡献市场交易量的2%，专业机构投资者贡献交易量的13%，占26%的个人投资者贡献市场交易量的85%（姚刚语，2013年）。这种投资交易结构一方面无法支撑市场融资功能发挥，一方面容易追涨杀跌，助长股市投机氛围，最终伤害投资者自己。个人股民投资者对中国资本市场发展做出了历史性贡献，但市场文化存在的投机性、融资功能与投资功能不能协调同步发展，使他们不能充分合理享受到经济增长的成果。

比如，在发达国家构成资本市场投资主力的私募基金、社保基金、养老基金等，在我国因为制度限制和管制，不能顺利进入资本市场，致使2001–2010年间我国养老保险资金收益扣除物价因素后是负值。有资料表明，发达国家养老金资产配置包括股票、债券、固定收益产品甚至包括对冲基金、私募股权基金和大宗商品，其中股票资产占比大体在20–40%。同样是养老金和公共基金，为什么在国外早已成为资本市场投资者主力，而我们的一些公共基金长期不得进入资本市场保值增值？说起来也许问题不复杂，一方面，从国外的情况看，发达国家养老金投资多样化也不是开始就有的，而是在上个世纪七八十年代以后，伴随支出压力增大所产生的主动增值需要；另一方面，从国内看，我们的养老基金管理时间不长，而且是政府在管理着，政府官员担不起基金进入市场后面临的风险，当然，也就不敢奢望市场可能带来的收益。所以，十八大报告专门就这个问题明确了“探索建立社会保险基金的投资运营制度，确保基金保值增值”。

比如，现在大家看到的资本市场体系，仅仅是真正意义上的资本市场的一部分而已，我国的债券市场发展滞后、规模有限，区域股权交易市场才刚刚开始起步，期货市场还只限于少数几个交易所、品种开发程度不够，资产证券化创新严重滞后等等。

**资本市场创新能力不足问题不能回避。**

资本市场还存在金融工具有限，工具创新面临人为限制多、创新能力不足等问题，不能适应企业融资和社会投资的多样化需要。实体经济急需资金、而全社会流动性过剩，这在很大程度上是因为金融产业行业壁垒、垄断，导致竞争不充分、发展不充分，真正适合企业需要的资产管理机构走不到台前，真正符合企业需要的金融产品创造不出来。说明即便是市场化程度较高的中国资本市场，仍然面临进一步解放思想、扩大开放、转变观念、改进作风的问题。

**正视实体经济工作中存在的差距。**

同在一个资本市场体系下，为什么东部沿海发达省份把资本市场用得好，而中西部地区用得不好？其实，资本市场与实体经济的关系，还可以视为外因和内因的关系，即使有很好的市场，如果一个地区一批企业不重视不会利用，这个市场对他们来说等于不存在。我在2012年深入基层调研之后，总结了资本市场与中西部地区实体经济关系中存在“六个欠缺”。其中，从当地环境和条件上讲有这么几个问题：

一是观念意识欠缺。就是各级政府官员和企业家的观念落后，对资本市场缺乏了解，对其工具、功能和地位认识不足，满足于自我积累式的爬行发展，停留在传统的招商引资和银行贷款等间接融资上，习惯于搞借贷经济，局限了发展空间。

二是知识和经验欠缺。尤其中西部地区缺乏熟悉资本运作的专业人才，机构和人员配置不到位，干部和企业家不会利用资本市场，企业利用资本市场工作中遇到问题解决起来比较难。

三是企业改制改造滞后、实力欠缺。企业家引入现代企业管理制度的理念淡漠，民营企业大多为家族式体制，财务管理等基础落后，小富即安，缺乏做大做强的紧迫感，在自主创新、企业规模、盈利能力等方面满足现状，因此被挡在了资本市场和金融市场的大门外。山西号称地上文物资源占全国75%，山西的醋更是世界闻名，但由于资源分散，企业规模小，缺乏合作意识，至今没有一家上市公司。

四是政策推动欠缺。比如前述的金融机构不愿意给地方企业贷款和地方存贷比低的问题，根本上是因为企业基本信用条件不达标，没有好的合适的项目。这些问题需要各级政府整体推动解决和改变。但由于认识不到位，一些地方政府工作不能很好配合企业利用现代金融和资本市场的需要。资本市场工作和企业改制上市等工作没有纳入政府工作目标责任制，缺乏推动工作的内生动力。

### 29. 私募基金产业：山西不再沉默

**华夏时报：**行业内传说您到山西后取得的第一个突破，就是帮助当地培育了私募基金产业。能否谈谈您为什么首选并花大气力培育私募股权基金？

**孙才仁：**你说的就是山西培育发展了一批私募股权基金①。大家都知道，私募股权基金这个行业在世界上大概有100多年历史。而作为股权基金前端的风险投资，鼻祖当属500多年前发现新大陆的哥伦布！近代风险投资鼻祖则当属美国的摩根家族，其为爱迪生的电灯发明提供了风险资金。

关于私募股权基金的产生，一种说法是上个世纪40年代，一种说法是19世纪末20世纪初，大体有了100年左右的历史。我更

① 私募股权投资基金，又称PE\VC，一般是指不通过公开发行，而是在私下对特定对象募集，从事私人股权（非上市公司股权）投资的私募基金。私募股权投资基金一般有三种存在形式：公司制、信托制和有限合伙制。私募股权基金募集对象都是资金实力雄厚、资本构成质量较高的机构或个人；以股权投资为主、债权等投资为辅的组合型投资方式；私募股权投资周期相对较长，投资成本较高，股权流通性不如上市公司股票，因此，使其具有一定的风险，当然，投资成功的话，回报也相对较高。私募股权基金通常由一支专业的基金管理团队打理，其对企业股权进行投资购买后，通常是参与企业管理，而不以控制企业为目的。

倾向于100多年历史的说法。据介绍,美国的私募股权基金大发展是上个世纪六七十年代，现在占据美国资本市场融资份额的十分有其三，且在全球金融市场影响巨大。私募股权基金在中国只有20来年的历史,是由国外企业到中国开设投资公司起步的,很快地由一批从华尔街归国的中国人在南方开始创办起一批风投基金。尽管至今时间不长,规模也有限,但2011年估计就有1万多亿元规模。这对资本市场并不发达的中国来说,已经很不错了。

现在风险投资基金、私募股权基金等被世界公认为科技创新的孵化器、助推器。中国要战胜转型陷阱,强力推科技创新,搞新技术、新产品,扶持新兴产业,就必须重视通过发展风险投资基金和私募股权基金这类特殊金融投资行业，为科技创新和新兴产业培育提供源源不断的资金支撑和市场化的风险分散承担机制支持。

私募基金主要有三个重要的形式：一个叫风险投资基金①,一个叫私募股权基金,一个叫对冲基金。目前看,能够将社会资金直接转化到科技和实体产业的，主要是风险投资基金和私募股权投资基金。从私募基金组成角度讲，就是一种合法的非公开集资行为,是最简易的金融投融资行为。

从投资角度讲,私募基金把钱投给企业,变成企业的长期资本

---

① 风险投资基金,(Venture Capital)简称VC,又叫创业基金,是一种新型投资机构。它以私募方式募集资金,投向于那些不具备上市资格的中小企业和新兴企业,尤其是高新技术企业。风险投资基金无需风险企业的资产抵押担保,手续相对简单。它的经营方针是在高风险中追求高收益。相比私募股权投资基金，风险投资基金所选择投资的企业更偏于早起创业阶段的尚有一定风险不确定性的企业，因此，它构成了私募股权投资基金的前端基金。

而不是负债,他追求长期投资回报,而不像信用负债那样需要还本付息。同样是资金,对企业来说效应可是差大了。咱们中国将来科技发展、新兴产业发展,一定要依靠这个产业,特别是在整个金融市场体系不发达的现阶段,地方政府和企业更需要运用私募基金方式破解融资难问题。

**私募股权基金的八大意义。**

我在山西动员私募股权基金时,归纳了八方面意义:一是有助于实现资金的就地转化和优化配置和利用。二是有助于化解"流动性过剩",完善金融结构,稳定金融,对于当前社会资金多而转化投资难的现状来说,相当于大禹治水。三是有助于支持中小企业、创新型企业、新兴产业的发展。四是有助于推动企业改制上市,支持企业并购重组。五是有助于扶持中小企业健康发展,扩大税源,增加就业,造福地方社会。六是有助于被投资企业合理配置资产负债,降低财务成本。七是有助于培育新型企业家——私募基金集资金集聚和投资于一体,帮助社会资金拥有者实现投资与经营分离,最适合山西煤老板华丽转身。八是有助于企业改善管理,健全战略规划,提升资本运作能力,帮助地方实现投资方式、发展方式、增长方式的转型。

**巨大存贷差和煤老板的困惑就是私募基金的潜力。**

山西是个典型的存贷差过大的中西部省份,2012 年底全省平均存贷比 54%左右,与全国平均 75%的水平比,差了 21 个点。本地经济建设缺资金与本地闲置资金多两种现象并存。一个煤炭资源大县,当地煤老板很多,他们或继续经营着煤炭产业,或已退出煤炭行业，但他们的资金并没有在本地投资多少；该县存款180亿元，贷款只有40多亿元，大量本地资金外流，平时找见煤老板都难。

经了解，山西本地企业家特别是从事或退出煤炭产业的企业家普遍存在这样几个困惑：一是他们有钱赚，但不安心、不甘心；二是退出煤炭的资金很难找到好的投向，流到外地没有根基，未必舒心安全；三是有些项目前景虽好，但并非自己所长，经营不好；四是过去靠幸运和打拼致富了，现在仍在忙碌操心，财富与幸福快乐不成正比；五是有财富，但面临自然缩水、无为损失。所以，经常听到关于煤老板发愁资金没处投，就发生被骗、参与非法集资偷鸡不成反蚀把米等问题，媒体对煤老板颇有微词，煤老板也觉得冤枉。

针对这些困惑，我就提出：嫁接资本市场，引导企业家通过发展或参与私募基金开展资本经营，可以助他们由经营产品转向经营资本，由经营自己转向经营他人，由经营企业转向经营企业家，由经营一点转向经营全局。

但是，山西的私募基金发展相比东部地区还是明显滞后的。2011年以前，除了有几家小型风投公司外，还没有一只规范意义上的私募股权基金。一些国内知名基金公司也尝试过来山西发动私募基金，但基本是败兴而归。

利用私募方式让煤老板实现资本与经营分离和抱团干大事，这对迫切要求转型的煤老板来说本来是件求之不得的好事。为什么却行不通呢？我觉得这跟知识结构有关。这就需要政府和金融部门帮助搭台建机制，给予宣传发动和指导引路。所以，我用一年多时间做了大量宣传发动，指导当地企业家在2011年11月底终于组建了本地化的第一只私募股权基金和基金管理公司。现在山西的私募股权基金行业已小有规模。2013 年开始又把私募基金机制引入当地城镇化建设中来,发挥金融引领创新的作用。

第一只基金的成立和成功运作，被称为山西资本市场创新发展的“信心之战”。它只是山西发展壮大现代金融的一个小小举动，但却带给我们不少有益的启示。

## 30. 政府应在推进金融创新中发挥引导推动作用

**华夏时报**:*私募股权基金引进中国 20 多年了,山西虽然社会资金富裕,却一直没有发展起来。可想而知您在山西发动第一只私募股权基金一定费了不少周折,我也读了您去年发表的一篇纪念文章,很感人。您能否谈几点启示性建议?*

**孙才仁**:我预计到困难,但没想到困难的程度之大。但是,现在留给我的是对过程的享受和对示范效果的欣慰。总结起来看:

**首先,抓风险投资基金和私募股权投资基金符合山西实际。**

山西作为中西部地区,虽然企业上市工作潜力巨大,任务也很艰巨,但是,由于企业改制改造工作滞后、企业基础弱,一个企业从动议改制到申报上市,通常需要三四年甚至更长的准备期。这对渴望得到资本市场支持的山西经济和广大企业,显然远水不解近渴。通过培育风投和股权基金方式,聚集和转化本地资金资源,取得资本运作突破,不仅符合山西资金多的优势,也能激励引导企业和政府开展资本运作的主观能动性。今年我们在山西三个县开展城镇化建设基金试点时，就得到了一批企业家的响应，不到 2 个月时间完成 3 只合计 20 多亿元的基金募集工作。

**其次，目的在于引导企业家特别是煤老板转型。**

嫁接资本市场，就是踏上快车道；拥抱私募基金，就是拥抱未来。山西近年来因煤而富，但山西经济并不富，山西在全国的经济地位排序没有因为煤炭挣钱而跃升；山西资源禀赋企业虽然能富一时，但富不了长久；能富了个人，但富不了全省整体。在转型已成世界大势的当下，如何通过类似私募基金这样的创新，来带动企业家转型，为资源与资本之间嫁接转化桥梁，走资源资本化的路子，让资源富裕转变为资本富裕和经济富裕，这既是资源大省的明智之举，也是后劲省份完全可以取得突破的。还记得发动第一只基金时，先后接受宣传培训的企业家有上百位，最终落实的寥寥十来个人。但是，一年后的今天，山西的企业家、煤老板们对私募股权基金和资本运作已经不再陌生，近期发动的几只基金都很顺利，而且企业家们甚至主动提出要求我们帮助组建并购基金、开展借壳上市、企业并购等，很多地方政府和企业家实施大项目计划，也会主动探索用私募基金来解决资本不足问题。

**第三，资本市场创新需要攻坚克难、一抓到底。**

在中西部地区开拓创新、干事创业，不仅要有远大志向和豪言壮语，更需要有百折不挠的实干作风，认准的事困难再多再大，也要一抓到底，甚至有时要承受一定的猜忌和风险考验。其实在其他一些改革创新上何尝不是如此？我们现在面临的很多经济工作难题，都需要用习总书记倡导的“实干兴邦”精神，在实干中去破解。实干就是要求我们不要只会开会做指示，不要只会指手划脚让别人去做，而是要善于动手，敢于承担，善于攻坚克难，想干事、能干事、干成事。有时需要领导干部靠前站，靠前指挥。

**第四，心急吃不了热豆腐，好饭也要一口一口地吃。**

在一个金融市场相对不发达，企业资本运作相对不充分的区域搞私募基金等金融创新，不能设想一口吃成胖子。虽然山西手上有钱的人的确不少，但受知识、习惯等方面因素影响，我们不能也不应寄希望短时间内接受现代金融理念。相反，应扎实地做好宣传普及工作，选择创新意识强的区域，团结少数先知先觉者，先行先试，用实际成效逐步影响和引导大多数。这正是之前大牌基金公司不能融入山西资金市场的遗憾。为此，我们利用近 2 年时间层层做宣传发动工作，并选择晋中这个金融积淀较厚和政府金融创新意愿较强的地区先试，率先出台了市级鼓励发展私募股权基金的政策。此后不久，山西先后有太原高新区、晋城、长治等多个地市出台了专项的培育私募股权基金和风投基金政策。现在很多县级政府有感于地方建设和产业发展融资难，也开始希望利用私募基金、资产证券化等办法筹集资本。山西证监局用多年的打基础工作，换来了 2013 年资本市场服务山西实体经济的收获季节。

**第五，政府应在推进金融创新中发挥指导推动作用。**

在培育私募股权基金、风投基金，推进资本市场改革创新和服务实体经济等金融创新实践中，如果按照传统的工作理念和习惯开展工作，有些工作就会在层层传批和研究中拖延、耽误，不了了之。与中央倡导的政府要减少干预微观经济事务相反，在一些改革创新工作中，政府部门需要发挥调度资源优势或专业优势，帮助市场实现创新发展，帮助企业嫁接现代金融。近年来山西省委省政府实行重大项目领导包干负责制，对职能部门和地市政府实行项目落地考核目标责任制，就收到了很好的效果。这种抓落实的作风感染着金融业，开始产生了积极的影响。

**第六，人才保障很重要。**

私募股权基金的最突出特点，就是依靠高超管理团队和特殊契约关系，实现资本与投资、资本与经营的分离，辅之一整套科学的投资选项原则、风险控制原则和退出机制，为出资人实现长期高额回报。这是资本与经营分离的机制和价值所在。只有这个团队拥有足够强的实际操作能力、良好的经营理念和与投资人利益一致的经营作风，才能把握好这种分离机制，取得企业家的认可和接受。实际上，一个好的团队不在乎他的口号多响，不在乎他的宣传本领如何强，根本上要看他的理念、原则、制度设计能力和实战选项能力。金融创新和经营管理人才资源恰恰是中西部地区普遍缺乏的，应克服地域劣势，创造比东部地区更优的条件，以开放的姿态积极寻求外部智力合作。

## 31. 私募股权基金要在转型中寻求新生

**华夏时报**：去年以来，国内私募股权基金行业普遍陷于低潮，一些基金投资出现价格倒挂亏损，出现资金募集难、投资选择难的尴尬。您偏偏在这个情况下帮助山西发动私募股权基金。那么，您是怎么看待时下的私募基金走出窘境的问题？

**孙才仁**：中国私募股权基金经历20多年的草根发展，盲目竞争，抬高投资价格，结果自己给自己挖了陷阱。在国家经济转型发展对私募股权基金产生强烈需要的时候，这个行业反而陷入发展的低潮，一场自我清理整合再所难免①。我们要认真总结教训，推动这个特殊重要的行业在经历这次调整后，尽快走上新的大发展轨道。

**首先，要让私募股权基金回归资本市场大本营。**

私募本来就是民间的市场化金融投资行为，我们要改变喜欢管制企业的习惯，减少对私募基金的限制，按照党的十八大建设法治政府的要求，学会在法律规范内行使政府职权。还私募股权基金行业的金融投资本来面目，使之作为专业的金融理财和资产管理机构，回归资本市场大家庭，真正接受资本市场行业监管规范和专

---

① 据清科基金论坛提供的数据，到2012年11月，我国私募股权基金在募资方面，创投有22家募资，募资金额同比缩小近70%；PE有323家募集成功，金额下降34%；除了一些很有强实力背景的公司，其他基金公司募资非常困难；很多基金虽然是完成募资，但是完成的规模达不到预期。创投投资900多个项目，投资金额下降42%；PE投资个数下降5%，投资金额下降20–25%。整个VC和PE投资2011年投资近600亿美元，2012年400多亿美元。

业发展引导，便利享受金融市场规则和改革创新的机遇。为私募基金行方便，就是为经济转型和科技创新行便利。

**其次，要推动私募股权基金适时转型。**

私募股权基金不要让自己“高高在上”，而要跟着经济发展实践走。要着眼国家经济转型发展大势，及时推进基金行业在投资理念、投资目标、价值追求等思维和模式的转型，创新适合广大中小企业和创新企业要求的金融投资方式。尤其在即将展开的新式城镇化建设浪潮中，私募基金大有用武之地；只要管理机构深入基层，善接地气，扩大与企业接触，创新融资和投资方式，就能获得转型先机和新生。各地和广大企业对资金的迫切需要就是私募基金的广阔市场。

**第三，要引导私募基金远离浮躁。**

私募股权基金作为价值型机构投资者，应回归投资基金的本源，淡化过度上市预期，做真正的长期投资、前移投资，加大对中早期项目的投资，提升增值服务。要发挥私募基金管理机构的专业优势和战略合作伙伴优势，真正植入被投资企业，帮助企业加强存量资产管理，改善企业治理结构和质量，提升资本运作能力，加强金融创新、商业模式创新和市场拓展等。

**第四，要着力基金管理的核心竞争力建设。**

利用低谷期集中精力加强私募股权基金管理机构核心竞争力建设，努力打造多层次私募基金集群，中国特色和国际惯例有机结合，建立成熟的私募基金内部管理体系。同时，私募基金业也要加强行业内联合，抱团取暖，联手做大事。

**第五，着眼长远，科学布局。**

跟踪国际国内产业转型趋向，在加大对现有产业和广大中小企业投融资力度的同时，合理布局未来成长性行业投资，及时把握资本市场改革创新机遇，探索私募股权基金与其他金融工具的组合，如积极拓展和参与上市公司并购业务，与证券公司资产管理业务创新结合，创新服务城镇化和“三农”的方式方法，迎接未来私募基金新高潮。

## 32. 改革创新：迎接资本市场新的春天

**华夏时报：** *2012年以来，证监会加大了资本市场改革创新力度，市场信心逐步恢复，从去年末开始，股市积极回应改革，显示出信心增强。而股市稳定趋于回升，对实体经济和投资来说，都是期望中的局面。您能否谈谈如何更好地推进资本市场改革创新和发展？*

**孙才仁：** 中国资本市场的第一春应该是从小平同志南方讲话开始的。2004年“国九条”出台应该是揭开中国资本市场创新发展的第二春。近5年来，伴随股市从2007年6000点高位回调以来，低迷的股市一度让各方面为之纠结。然而，现在开始，乘着十八大东风和市场改革创新给力，中国资本市场显现出新的向好态势。确实，新一轮资本市场改革创新发展的大幕正在开启，它不仅会为经济转型发展和城镇化建设提供强大动力和保障，更会为深化改革提供新的机制和助力。

目前,我们迎来了一个很好的发展形势。一方面,资本市场改革创新力度在加大,连十八大报告都明确说要"加快发展多层次资本市场"①,大力发展资本市场、利用资本市场的时机已经到了。另一方面,伴随经济转型和金融市场深化改革,各部门各地政府对金融和资本市场的认识逐步提升,推动工作开始变得有力。最近,中国证监会响应党中央、国务院的号召,站在国家经济转型发展的战略高度和全局视野,强调要"承担历史使命","承担社会责任","承担行业责任","承担市场责任";着眼于化解经济风险,着眼于为实体经济服务,着眼于解决中小企业搞发展拿不到钱等问题。围绕这些,资本市场已经和正在推动很多改革创新,必将带来若干新机遇,产生深刻影响。

面对国家经济转型的迫切需要、化解金融体系风险的迫切需要、人民大众对培育健康有效理财市场的殷切期待以及广大企业对融资发展的衷心期盼,作为资本市场工作者,我觉得我们的责任比任何时候都重大。我们必须按照中央的战略部署,认真总结经验教训,切实转变发展理念,创新监管思维,提升服务能力,积极主动地推动资本市场改革创新工作迈出新步伐。为此,我觉得应该注意以下几个方面:

---

① 十八大报告指出:深化金融体制改革,健全促进宏观经济稳定、支持实体经济发展的现代金融体系,加快发展多层次资本市场,稳步推进利率和汇率市场化改革,逐步实现人民币资本项目可兑换。加快发展民营金融机构。完善金融监管,推进金融创新,提高银行、证券、保险等行业竞争力,维护金融稳定。

**一是超越专家思维和固化思维。**

资本市场是专业性很强的工作,专业化、标准化特征明显。但是,资本市场的根基在实体经济,要面向多样化的企业和经济工作需要。因此,资本市场工作需要兼顾专业化与大众化、标准化与社会化的结合。不仅要当专家,还要做行家,不仅要懂金融,还要懂经济、懂社会、懂基层、懂企业。了解实体经济的需要、广大中小企业的需要、人民群众的需要,是做好资本市场工作的基本功。

**二是淡化主体思维、管制思维。**

市场各方应逐渐转向尽责归位,各负其责,让市场主体承担各自应有的责任,同时也给各类主体创新发展以自主空间;要创新文化理念和思维方式,包容创新,提高对创新风险的容忍度,坚持创新在先,监管跟进,创新要有风险防范保障,但防范风险不能阻碍创新;一些准入事项应该逐步让市场让投资者自己判断和选择,政府主要抓市场秩序和信用透明度和信息披露规范化管理。2012年以来,证监会党委提出“放松管制、加强监管”的政策导向,符合了当前金融改革发展的时代要求,金融和资本市场也有一个“两手硬”的问题。

**三是注意顶层设计“接地气”。**

着眼大局谋一域,立足实体经济谋发展,资本市场工作者要贴近经济、贴近社会、贴近投资者,要走向基层、走向企业、走向市场一线,多掌握一线实际情况。比如我在基层看到的企业融资难,首先遇到的障碍就是企业缺乏基本信用基础和支撑,项目建设缺少资本金。因此,哪怕是本地区就有大量社会资金,企业也融不到资金；许多农村合作组织和村集体由于缺少资本金基础，融不到资金搞发展。对于这类金融需要，如果不能拿出好的解决办法，再怎么强调金融支持“三农”，搞再多的农村金融机构，资金还是到不了农民和农业企业的手上。所以，资本市场改革创新工作一定要问需于民、问计于民，从基层需要出发，不是简单的创新什么工具，而是要创新政策、制度和工具三者结合，优先创新有利于支持企业解决资本金和基本信用基础的工具和服务。

**四是融入社会经济大家庭。**

资本市场不是阳春白雪，不能自娱自乐，要主动和各级政府交流，和广大企业接触，听取各方面声音，调动多方面积极性。我们不仅要到交易所、上市公司、证券期货和基金公司调研，还要更多地走到各级政府、各级地方企业中去，甚至走到农村和农民中间。习近平总书记最近特别强调干部的学习问题，我们专业部门的干部要特别注意学习的方法，善于向基层学习，向人民群众问需、问计、问政。最底层的情况和经验，往往会使我们的思路更大器、工作更有针对性、措施更有效。

**五是培育多样化的资本市场产业集群。**

市场是无形的，资本市场的功能作用要靠广泛的市场参与者的支撑，特别是资本市场产业支撑的作用不可或缺。检讨资本市场功能发挥不足，不能忽视资本市场产业发展滞后和缺乏活力。要勇于破除金融市场的“民营歧视”，打破玻璃门，国有与民营平等对待，共同繁荣，激发创新活力，提高行业和市场的承载能力。

**六是倡导进一步开放和竞争。**

资本市场体系建设也要打破玻璃门，市场平台建设也要适当“去垄断化”,市场组织者要回归市场,办市场也要有竞争。这是中国资本市场体系活力的必由之路,也是提高中国资本市场国际话语权的客观要求。近年来开始放开证券期货公司办营业部,没见市场乱了,反而证券期货公司的创新发展意识和服务能力得到了大幅度提升。乱办市场不好,办少了也会妨碍市场竞争力、活力和功能的发挥。顺应中央倡导的“加快发展多层次资本市场”的要求,证监会大力推动债券市场建设、新三板市场建设,指导各地规范发展区域股权交易市场和证券公司柜台市场。如果我们能在资本市场其他范畴也秉持这种精神,则何愁中国资本市场体系不能快速形成?

**七是在引领新科技革命潮流中实现价值最大化。**

美国著名社会批评家杰里米·里夫金在他的著作《第三次工业革命》中这样说过:

“如果说美国是20世纪世界经济发展的楷模，中国则最有可能在21世纪担当这一角色。美国将其经济成功的原因相当一部分归功于其丰富的石油资源。然而现在,随着全球经济的衰落,美国的领导地位受到了质疑。第二次工业革命已经日薄西山。纵观人类历史,新型的通信技术与能源体系交汇之际,正是经济革命发生之时。互联网技术与可再生能源即将融合,并为第三次工业革命奠定了一个坚实基础。在可预见的未来,在中国这片古老的土地上,数百万的中国人将可以在家中、办公室和工厂里生产自己的可再生能源。中国需要就未来的经济发展方向做出决定。中国蕴藏着丰富的煤炭和天然气资源，这一诱惑使中国倾向于更加依赖日渐式微的传统能源。可以说，中国在可再生能源方面的地位正如沙特在石油产业中的地位一样，中国每平方米的可再生能源潜力要远高于世界上大多数其它国家。因此，中国人需要关心的问题是20年后将会处于一个什么样的地位，是身陷于日薄西山的第二次工业革命之中继续依赖化石能源和技术，还是积极投身于第三次工业革命，大力开发可再生能源科技。第一次工业革命与第二次工业革命均采用垂直结构，倾向于中央集权、自上而下的管理体制，大权掌握在少数工业巨头手中。第三次工业革命的组织模式却截然不同，其采取的是扁平化结构。已经和正在到来的新一轮技术和产业革命，对于今日中国具有尤为突出的意义①。”

可再生能源技术到底能否成为第三次工业革命的领导技术，这不重要。但是，可以肯定的是，新一轮科技革命和产业革命正在兴起。从资本市场的功能分析中，我们可以清晰地预感到：在未来的科技创新和产业革新升级中，如果继续依赖传统的经济发展模式和管控体制，那么，中国将失去与世界各国有力竞争的优势。相反，唯有依靠市场的力量，特别是资本市场的力量和机制，才能助我们掌握新科技革命和产业升级的主动权。因此，无论政府官员还是专家学者，或是广大的企业家，都应当对资本市场高度重视。大力建设多层次资本市场体系，在开放包容中推动资本市场改革创

---

① 参见杰里米·里夫金著，张体伟、孙豫宁译《第三次工业革命》，中信出版社，2012年。

新，让资本市场在引领新科技革命浪潮的伟大实践中谱写自己的新的春天。

## 33. 资本市场改革创新利好中西部省份

**华夏时报：**如果说深化金融改革和大力发展多层次资本市场的方略将在今后逐渐显示出对经济转型的强大推动力，那么，您认为中西部省份应如何抓住机遇实现后发优势？

**孙才仁：**你说得很好。中西部省份在前30多年改革开放过程中客观地落后于东部沿海发达地区。未来靠什么后来居上？我觉得，首先，得益于这次世界性的大转型给各国和各地区提供了一次难得的“同一起跑线”机会；其次，即将启动的市场化改革对大家机会是公平的；第三，深化市场化改革中的重要抓手是资源资本化和经济金融化，这在各地虽然有一定的差距，但总体上差距不大。伴随世界扁平化、信息化，在现代经济发展中，东、中、西部的客观差别正在缩小，未来的竞争将更多取决于创意创新能力、金融市场发展和发挥作用效果、政府和诚信等商务环境，以及信息对称与服务水平。对于中西部省份来说，抓住这次机遇，科学布局好发展模式，采取得力推进措施，就可能实现后发优势。因此，各级政府和广大企业怎么重视资本市场都不为过。就我所在的山西来说，地方政府和企业把握资本市场机遇时，应注意从以下八个方面入手：

**第一，思想解放和观念更新仍为首务。**

资本市场对经济转型之重要，一是因为它是未来社会融资结构变化的必然选择，按照国家金融改革发展规划，“十二五”末期资本市场直接融资比重将达到30–40%，可见空间巨大。二是嫁接资本市场，开展资本运作，对实体经济提升发展速度、科技创新能力和核心竞争力等的影响，是其他融资方式所不能媲美的。所以，嫁接资本市场就是乘电梯，按照传统方式发展就是爬楼梯。各级政府要充分认识资本市场在国家经济改革发展中的地位变化，主动顺应金融改革和金融市场发展之变，主动强化资本运作意识和直接金融理念，主动让实体经济建设嫁接资本市场，主动拥抱直接金融，主动提升企业和地方的直接融资比重。

对待资本市场发展对经济转型发展的机遇认识，就像当初对待改革开放、引进外资一样，醒得早，还需行得早，才能获得发展先机。中西部地区在过去30多年改革开放实践中落后于东部发达地区的一个重要原因，就是观念保守、思想不解放和行动迟缓。克服这些不足，中西部地区才能真正借助金融深化改革和资本市场大发展机遇，实现后来居上。

**其次，要善于把握资本市场多层次化和多样化创新的机遇。**

现在国家鼓励各地的新兴产业、“三农”、文化产业、生产性服务业、创新型企业在资本市场中发展；下一步，城镇化建设、民生产业、战略性产业也将成为资本市场热点。这给了我们中西部地区很好的机遇。而用好上市机会，关键是练好内功，做好企业改制改造。企业通过改制建立现代企业制度，不仅有利于企业尽快上市融资，还有助于取得银行信贷支持以及其他各类金融服务和支持。

另外，在市场选择上，各地要重视新三板市场、四板市场[①]挂牌、到债券尤其是公司债市场融资。现在已有的几个板的市场，可容纳的上市企业数量有限，过去20多年累积才接近2500家，目前在等待审核的排队企业就有700多家。大量企业需要进入资本市场和上市渠道拥挤的矛盾将长期存在。如山西规模以上企业约5000家，过去20年在境内资本市场仅仅实现了34家企业上市，未来需要资本市场支持的企业岂止几百家？所以，不能指望所有好企业都到现在的几个交易所上市。更多的企业要嫁接到哪？到新三板、区域股权交易市场即四板市场去，还要寻找时机到香港和美国等地资本市场上市。中国证监会正在试点发展证券公司柜台市场，也可以助力地方企业进行股权交易和私募融资。另外，如果改革创新到位的化，公司债体系里的可转换债也可以成为解决企业申请发行上市排队的"堰塞湖"问题[②]。

**第三，企业债和公司债是最大增长点。**

相比股权融资来说，债券融资潜力巨大。一个是由发改委审批

---

① 四板市场，也就是各省建立的区域股权交易市场。是指由地方政府批准设立的地方区域性股权交易市场平台。它是对其他股权股票交易市场的进一步补充，能照顾到更多企业挂牌融资。

② 可转换公司债券是一种发行人依据法定程序发行、在一定期间内依据约定的条件可以转换成股份的公司债券。可转债首先是一种公司债券，是典型的固定收益证券，具有确定的债券期限和定期息率，其次，可转债的转股期权为投资者提供了转股机会，持有拟上市公司可转债相当于持有一定数量的未来公司股票，具有极大的升值潜力。因此对于投资者来说，拟上市非公众公司的可转债将具有较大的吸引力。可转债目前已经是国内外资本市场比较成熟的融资工具。但要推广起来，还需做很多基础工作，培育私募债券市场。

发行的企业债，一个是银行间市场发行的中期票据，还有一个是在证券交易所市场发行的公司债。按照中国证监会的改革力度，公司债发行的审核效率很高。在整个社会近5万亿元公司信用类债券规模中，公司债规模大体只有5000亿元左右，说明其空间巨大。中期票据融资的运作也相对比较简便，只是进一步扩大的潜力尚待观察。

证监会在2012年还做了一个创新，基于大量中小企业融资难的问题，把公司债做了一个小变种，不是上市公司的企业也可以用私募的方式在证券市场发公司债，叫“中小企业私募债”。在美国叫垃圾债、高风险、高收益债。美国七十年代末期开始走出滞涨，四大新兴产业的培育，除了私募、风险投资，加上纳斯达克市场，加上科技创新以外，其实还有垃圾债券在帮忙。这个是证监会要大力推进的事情，各地市很多企业都可以借这个光。

**第四，探索资产证券化融资之法。**

随着资本市场改革创新加快，资产证券化融资是重要手段，步伐要加快。有些地方政府部门或企业会认为，现在能拿到银行贷款，何必改弦易辙去用资产证券化工具？其实不然，随着直接金融政策的逐步产生效果，银行贷款的增量会减少，难度也会增加，早转向就早主动。以山西为例，我们的煤炭产业、城市公共产业、交通业、旅游业、文化产业都是可以用资产证券化的办法实现融资。

**第五，发展和利用私募基金前景广阔。**

与美国私募基金占金融资产14%的结构相比，我国私募股权基金1万亿元左右的规模微不足道，还有一些私募股票基金，也是规模有限。私募股权基金，是最典型的直接投融资方式，是最简单的合法集资和最简易的直接投资，对于加大对中小企业、创新型企业的金融支持，破解城镇化建设融资瓶颈和加快解决“三农”问题、提升农业现代化水平等具有一定优势。山西存贷差巨大，说明通过私募基金方式筹集地方经济建设和企业发展资金的潜力巨大。对于山西这样的中西部地区来说，用好资本市场，不光是要去全国统一资本市场和东部地区角逐，还可以利用资本运作理念，优先用好本地资源，使山西的资源优势和潜力直接转化为发展动力。对于本地资金资源不丰富的省份，也可以利用政府资金做种子，通过私募基金的方式从外部筹集发展建设资金。培育私募股权基金等机构投资者在 2013 年被列入中国证监会的重点工作，相信其发展前景越来越好，作用越来越大。

**第六，资本市场并购重组将是大的潮流。**

世界 500 强几乎没有不是在并购重组基础上形成的，而且主要是通过资本市场进行的。这恰恰是中国现在需要补的一课。别看山西上市公司不多，但是，绝大部分的上市公司质量较好，具备了大规模开展并购重组的有利条件，只要我们破除思想障碍，解放思想，改进工作，以上市公司为主体加大并购重组的力度，其带动区域产业结构调整和优化的速度会更快。2012 年山西做了一单“煤电一体化”并购重组尝试，获得成功。今后与产业链相关的并购重组应大力推进，会极大促进经济转型和提升竞争力。比如，目前山西正在推动的焦炭行业整合，正处于攻坚时刻，完全可以借助上市公司或上市公司壳资源，将焦炭与煤炭整合在一起注入上市公司，实现双赢。

**第七，资本市场衍生工具创新加快。**

中国的期货市场衍生工具创新空间巨大，创新步伐在加快。但以期货交易和套期保值为代表的金融风险管理业务在山西等中西部地区的企业几乎是空白。特别是国有企业，体量大，反而基本没有做套期保值业务，使巨额的国有资产暴露在市场价格波动风险之下。只要各级政府重视转型，加大宣传和培训力度，改革企业风险管理和考核机制，我们的企业套期保值前景非常广泛。伴随不久后国债期货和原油期货的上市，以及与期货交易有关的场外市场发展起来，套期保值业务对经济生活的影响将进一步显现。各级政府和国有企业管理部门要像抓企业上市一样，高度重视抓企业套期保值业务。

**第八，资本市场金融机构业务和服务创新的助力。**

没有金融产业的存在，金融市场就是空中楼阁和镜中花水中月。实体经济要与资本市场无缝对接，离不开证券期货和基金等资产管理机构业务创新、接地气。现在，中国证监会以史无前例的力度在推进资本市场中介机构业务创新和服务实体经济。这方面，只要地方政府主动开展工作，加强与资本市场工作部门和金融机构的联系和合作，做大做强证券期货和基金公司等产业机构，就能获得市场创新带来的经济发展先机。企业和地方政府要嫁接资本市场，开展资本运作，通常要先对接证券公司、期货公司、基金管理公司等资本市场中介服务和投资管理机构。

# 第四篇　金融化提供稳定发展新手段

## 34. 金融化:资本化的深化和发展

**华夏时报**:美国的强大有四个支柱,第一个是强大的军事,第二个是强大的科技,第三个是强大的华尔街资本市场,第四个是强大的美元。美国的强大不仅表现在军事上,还表现为全球的金融霸权,它掌握着国际大宗商品和金融市场的定价权。您认为,中国怎样才能突破这种金融霸权,保护实体经济取得的成果?

**孙才仁**:美国强大,在经济领域依靠的是强大的金融市场、金融创新力和美元国际地位支撑的“金融霸权”。

近十年来,不断有人反问:中国人为何辛苦不赚钱?其实,金融不发达不强大是重要原因。目前国际市场大宗商品定价体系已经建立在金融市场交易体系上,不掌握金融主动权,就不掌握大宗商品的定价权,从而中国从国际市场买得越多,代价越大;卖得越多,损失越多。以华尔街为首的美国金融机构利用自身在全球金融市场的定价权抬高了中国需求的成本,赚足了金融资本的利润。中国买的东西非常贵,而卖的东西非常便宜,这也是因为中国企业不会利用全球金融市场来保护实体经济的成果，中国企业不具备对冲实体经济风险的能力。

**风险对冲管理——经济金融化的基本功能作用。**

全球实体经济越来越出现金融化的趋势，金融化越来越重要。顺应这个潮流，用好金融创新成果，它实际上是实体经济的守护神。

金融化是什么概念？是在资本化基础上进一步延伸和深化了的现代金融概念。它是以金融创新为依托的，以新金融模式、新金融工具和新金融产业不断涌现为代表的一个金融市场体系的逐步丰富、完善和健全的过程；它是金融要素的影响力和渗透力大大增强了的这么一个新的局面。金融，特别是新金融，对经济的左右能力越来越强。

金融化本质是经济生活金融化。这是市场经济发展到一定高级阶段的产物。正如有的专家讲的，市场经济的最大特征就是社会经济生活同时存在于两种形态，一个是物质形态，即实体经济，通过有形的生产、流通和消费等社会生产过程体现的；另一个就是价值形态，主要是通过金融市场交易以及金融服务于实体经济的过程来体现的。没有发达的金融业和金融市场，价值形态就得不到充分体现和运转及发挥作用。尽管国内经济学界还没有较多地关注这个问题，但是，它在发达市场经济国家已经深深根植于经济生活中，并借以影响和左右世界经济。

衡量一个国家、地区或企业的金融化水平，一方面看它的金融发达程度，尤其是其衍生金融发达程度，以及企业利用衍生工具防范市场风险的能力，这就是我们常说的利用期货和期权交易进行套期保值，利用对冲基金跑赢经济危机和市场危机。另一方面看金融业和金融市场创新衍生工具的能力和提供金融服务的能力。

金融化概念的提出，是基于上个世纪七八十年代以美国为代表的金融衍生品创新加快的趋势。以期货、期权、掉期等金融衍生交易和对冲基金为代表的金融创新，自然也是美国最发达。

要突破美国的金融霸权，就要主动和善于融入金融化潮流，善于运用金融化带来的金融工具，为我国经济和企业劳动创造提供市场化保障。要善于解放思想、改革开放，推动金融市场和金融机构提升活力和创新力；要善于推进和利用金融工具与服务的创新成果，来提升实体经济和企业的资源聚集与财产保护能力。不过，恰恰在这个问题上，我们的认识是相对保守和滞后的，对金融化的传播和普及程度还很低。

**对冲基金——金融工具管理风险的典范。**

就拿对冲基金来说吧，其令人叹为观止的发展速度和远高于市场平均水平的收益率，足以让世人领略它的风险对冲魅力①。据介绍，2012 年底，全球对冲基金行业管理的总资产达到 2.6 万亿美元，与 1990 年相比，二十余年时间增长了 50 多倍；在 2000-2009

① 对冲基金，也称避险基金或套利基金，意为"风险对冲过的基金"。它起源于上个世纪 50 年代美国。当时的操作宗旨在于利用期货、期权等金融衍生产品以及对相关联的不同股票进行空买空卖、风险对冲的操作技巧，一定程度上规避和化解投资风险。世界上第一只对冲基金--琼斯基金诞生于 1949 年。到了上世纪 80 年代，随着金融自由化和金融创新的发展，对冲基金逐步被金融界重视和利用起来，并从此进入了快速发展阶段。据英国《经济学人》的统计，从 1990 年到 2000 年，仅在美国和英国产生的对冲基金就达 3000 多只。

年的十年里，对冲基金的年均投资回报率是10%左右，而美国S&P500指数在这10年的年均增长率是负的1%左右。即便是在欧债危机的经济环境下，对冲基金的投资表现也明显好于其他市场，根据对冲基金业研究机构（HFR）的数据，2012年上半年对冲基金市场资本净流入200亿美元，全年增加了3000多亿美元。

对冲基金魅力还在于这个行业不断创造的个人财富传奇。且不用说，索罗斯和巴菲特这两个名字早已响彻世界。在2011年，业绩最佳的世界前25位对冲基金经理平均每人获得了5.76亿美元的收入，全球最大的宏观对冲基金布里奇沃特投资公司（BridgewaterAssociates）创始人雷蒙德·戴利奥（RayDalio），在市场惨淡的2011年斩获138亿美元，个人也将39亿美元纳入囊中，问鼎全球最赚钱对冲基金经理，荣膺《时代》杂志2012年度全球100位最具影响力人物。

站在整个金融市场来看，对冲基金在整个投资领域虽然只占据较小的份额，大约占全球证券市场2%-3%的比例，但它们在交易方面是非常活跃的，如占到纽交所等大型交易所日交易额的25%-30%的交易份额；在诸如可转换债券等特定领域，对冲基金甚至控制了整个市场，占据市场的绝大部分交易额。最近几年，对冲基金产品越来越受到大型机构投资者的喜爱。像养老金基金和大学捐助基金在它们投资组合中的对冲基金资产配置越来越高，从几年前的不到5%快速增加到现在的25%左右。这说明，对冲基金已成为金融市场上不可小觑的一支力量。

## 35. 大宗商品价格已不完全取决于供求关系

**华夏时报：** *很多人都把实体经济和虚拟经济分开看待，但是，金融化趋势越来越严重，经济全球化与全球金融市场互相渗透相互影响，实体经济和虚拟经济很难分开，实体经济的任何变化都会影响金融市场，金融市场的变化也会反过来影响实体经济的投资行为和效果。您是如何看待这样一种结果的？*

**孙才仁：**金融化给世界和中国经济带来的影响是巨大而深远的。打个比方说，现在这些年炒得很凶的大宗商品价格问题，还有大蒜、苹果、猪肉都被热炒。大家似乎感觉炒到最后没有东西可炒了。

**为什么大蒜和猪肉能被炒作起来？**

你说大蒜能供不应求到热炒的程度吗？那为什么会出现这个现象？因为现在大蒜、猪肉到市场层面已经不是蒜、肉了，是投资品了。进入金融化时代，当一种商品被金融投资者狩猎，它就是一个金融商品了。金融商品在市场层面是以投资交易的形式被赋予投资和投机属性，从而就容易受投机理念影响。所以说投机就是投资，投资就是投机，现在分不清。尤其近年来社会流动性过剩形势下，上述炒作就不奇怪了。

所以，用供求理论、用商品思维去搞宏观调控，代价就会很大。重要的是学会因势利导，用市场的办法化解流动性过剩问题，同时把流动性能量转化成经济建设的正能量。让企业学会用资本化机制转化和分流它，用现代金融工具应对它，用期货市场对冲风险。资本化是增量拉动概念，金融化是解决存量保护的概念。

2008年金融危机爆发时，我们经历了一次短时期内的大宗商品价格暴跌，那是何等的惊心动魄？2012年煤炭价格下跌，至少吃掉山西煤炭产业几百亿利润。未来如果再有一轮大的价格波动，我们如何保护我们的财富呢？套期保值、风险对冲，这个才是真正的现代管理、风险管理。

中国有30多家经国家批准的中央企业从本世纪初就开始到海外期货市场做对冲交易、做套期保值，仅北京就有十来家央企。2008年那一次，岿然不动的几家中央企业基本都通过套期保值锁定了风险。这告诉我们：一方面，中国企业对期货，或者说对现代金融风险管理工具并不陌生；另一方面，绝大多数企业对这个工具还是很陌生的。风险对冲、套期保值，就是现代企业能够健康稳定发展、能够应对全球化挑战的必由之路和必备工具。但是，在中国还没有被各级政府和广大企业所认识，包括我们的国有企业管理体制和考核机制不支持。党的十八大强调培育开放型经济新优势，如果我们的企业连金融手段防范风险、保护存量的能力和资格都不具备，还何谈培育新优势？

## 36. 套期保值、价格发现与打造"全产业链"商业模式

**华夏时报：***在您的思维里，套期保值对国家对企业都很重要，您在2005年还曾提出期货业和期货市场是国家战略产业。您能否就这个大多数企业和官员还不了解的金融工具做进一步的解释？*

**孙才仁：**用现代金融工具如套期保值业务来保护好劳动创造

和企业财富，它的价值不亚于上市的价值。企业年初布置生产计划的时候，已经锁定了成本，后来价格的变化跟我的企业盈亏没关系，这就是套期保值的好处。所以，套期保值是通过资本市场给你提供平台，提供工具，让企业根据今年的产能，根据需要采购的量，和目前掌握的价格机会和时间窗口，提前在期货市场锁定采购价格和销售价格。

现在世界经济已经发生了变化，中国经济也发生了变化，价格变动加快加剧。国际上有一个 CRB 曲线，在 70 年代的时候是很平缓、幅度很小的波动，到了 80 年代之后，一下陡升上来，然后不断的呈 W 线波动。这说明价格波动越来越频繁，波动幅度越来越大。我们搞经济的知道，价格这么频繁的大幅度波动哪里是实体经济能承受得起的？

下一步改革的重点突破，其中有一个就是价格改革。在 2011 年和 2012 年的时候，仅仅计划控制下的汽油，一次调价就要涨跌几百元。将来主要大宗商品定价都市场化之后，我们的企业如果不会套期保值，就无法发展甚至无法生存。价格全部市场化之后，按照股市的规律讲，将来 80%的企业是因为价格波动而造成的亏损，如果还有 10-20%不亏损的企业，一定是因为它们学会了用套期保值来保护企业的利润。

不仅套期保值，期货市场对企业还具有价格信号引导作用。业内专家一致认为期货价格领先市场反映大约半年。由于期货市场的价格反映机制特性，本世纪以来，国际贸易中定价开始广泛采用期货价格为基准①。而中国广大企业不懂期货市场,不了解期货市场价格的信号作用,不仅使生产经营活动失去一个很好的信号器,还容易在国际市场交易中处于被动挨打境地。

随着资本化、金融化的发展,全球格局、国际分工的变化,需要我们进行产业体系再造。这个产业体系再造，不是一个简单垒魔方、摆积木,要以金融创新和资本运作为核心、为支撑,再造一个全产业链概念的经济模式。这个全产业链的发展和竞争模式最需要的是全产业链的风险管控。而风险管控中影响力最大、最具活力的就是利用期货和期权市场交易工具进行套期保值、风险锁定。所以,我们搞经济工作,搞企业发展,不能满足于搞增量,只知追加投资、扩大生产、扩大销售,还要关注风险锁定和存量保护概念。这是解决粗放型经济发展方式的重要举措。我们的经济体量越来越大,意味着承担的风险越大,也就是说保护好存量的压力越来越大。十八大提出的"农业现代化,增强农业综合生产能力,确保国家粮食安全和重要农产品有效供给",都需要我们农业企业学会使用套期保值工具,需要粮食储备机构善用套期保值工具。

据介绍，世界500强企业的94%都利用衍生工具进行风险管理。我们绝大多数企业,甚至99%的企业都还不懂套期保值。我国

---

① 姜洋同志在《未来十年:中国经济的转型与突破》一书里这样阐述衍生品的价格发现功能:有效的价格发现只能在流动性好、公开透明、竞争性的期货市场得到。在期货交易所可以看到,同一种商品或资产同时有好几个合约在交易,每个合约约定在未来不同时间交割。这些通过竞争性交易形成的价格,反映了当时对未来供应的所有预期。无论理论界、实业界还是投资者,都认广泛用于农业、工业、金融、贸易、宏观经济。国际上许多大宗商品的现货交易都采用期货交易发现的价格作为贸易谈判的定价基准。

期货市场70多万个交易客户中，法人开户只有3%左右，法人持仓只占49%，这组数据表明我国开展套期保值业务的企业很少，应在1–2万户左右。

一提到期货市场套期保值，很多人产生的第一个念头就是觉得有风险。企业发展这么大，哪一天不是在跟风险打交道？但是我们习惯于应对传统的风险，不习惯于面对新型风险。这是中国经济质量不高、企业核心竞争力不强的重要思想根源。我们应顺应时代潮流，帮企业搭平台、建机制、给空间。提供发达的期货市场就是搭平台，允许企业开展套期保值就是提供机制，允许企业自由裁量科学套保就是给空间。

## 37. 国际四大粮商打造全产业链经营模式的启示

**华夏时报：**您在给企业做报告时，多次提到中国少数国有大企业套期保值对冲风险很成功，包括讲到国际四大粮商依靠套期保值，打造全产业链经营模式，确立企业核心竞争力。您能否就一个全球化企业通过套期保值构建金融竞争力的原理做一说明？

**孙才仁：**跨国公司里有几个金融风险管理很典型的企业。搞期货的都知道，就是"国际四大粮商"，它们的实践证明了我刚才的看法。在这个过程当中它们最大的一个变化是什么？是产业链与价值链的全球化、规程化和可控化。在期货市场不断发展和金融风险管理创新不断丰富的引领和推动下，全球一体化、分工合作、世界工厂得到进一步发展，再生产更加简单、可控，再生产国际化大大深化。

通过引入套期保值和相应的企业管理改造，它把产业链和价值链有机地结合起来，然后进行全球化配置，进行流程化、规程化配置，并锁定价格风险。到了什么地步？到了四大粮商它们下面的企业有成百上千家，每一个粮商在中国有上百家企业。他们的厂长，一个大豆加工厂厂长什么都不用想，厂长变成了车间主任，我不用管采购，不用管大豆质量，也不管销售，我只管几百号人的生产线是干净的、卫生的，按照总公司下达的计划和标准生产就行了。总部也不管下面流程怎么生产，我只管购、销的统筹，标准的执行，也不用管现货市场今天准备签约多少价格。为什么？它在期货市场把价格锁定了，把采购价格锁定了，把销售价格锁定了。而另一面，加工厂成本也定好了。整个全产业链分工越来越细，国际分工达到了极致，分工很清晰，分工链条越来越长，甚至生产劳动的过程流程化，把极端复杂庞大的再生产过程变成了简单再生产。所以四大粮商的触角得以遍布了全世界，产业链覆盖了粮、棉、油种植、生产乃至加工产品、市场销售等所有环节。所以现在全世界的粮食，咱们生活中这一块几乎是被四大粮商控制了。他们不光控制粮食产业链条，相关的其他产业链条也控制了，连种子、化肥和农药、运输、仓储都控制了。中国号称农业大国，不知不觉从2004年揭开了四大粮商并购中国豆油生产行业序幕，2008年金融危机前我们的大豆加工、食用油加工被控制率是70%左右，金融危机后，80%被四大粮商控制了。

这已经不是我们当年教科书中讲的国际化水平和国际分工概念，而是一个全新的国际分工，对这么大的一个国际潮流，中国的各级政府和企业能作壁上观吗？

## 38. 金融风险管理技术提升企业核心竞争力

**华夏时报：** *您认为期货对冲实际上相当于给企业原材料和产品的购销价格买保险，但很多人还存在期货是投机的错误认识。那么，您觉得应该如何树立一个正确的观念和认识？*

**孙才仁：**当然，衍生品交易是双刃剑，用不好会断送企业生命。那么，怎么能用好？我就提出一个概念：金融化时代的企业风险管理革命。套期保值，你也可以不做，中国企业几百年来不也活过来了吗？当然也死了不少企业。鼓励企业做套期保值业务，主要就是考虑你怎么发展的问题，想不想活得更好的问题。

**观念革命——培育另类核心竞争力。**

我们要做这项事业，我们企业也好，经济工作也好，都要把金融技术和金融工具的使用当成新的“生产力”来对待。我们从来没有想过一种金融交易会构成一种生产力，要把它当成一种新式武器对待，要把它当成今后企业新的核心竞争力来对待。前面讲过的中粮集团套期保值案例和国际四大粮商经验说明，单纯从价值创造能力、价值破坏能力、价值保护能力讲，以风险对冲策略技术为代表的金融交易足以构成核心竞争力。这是时代变化的产物。如果我们的企业不会利用金融市场风险对冲手段，那么，十八大强调培育开放型经济新优势将是一句空话。其实放眼世界，利用衍生工具开展资产价格管理和风险对冲，已经是国际性企业普遍采用的经营战略和手段①。而且，企业是否有效开展套期保值，已经成为发达国家评价企业信用水平的重要依据。

**企业的风险对冲实际上相当于市场化自主保险。**

期货市场的发展、金融工具的创新，引导我们对现代保险市场有一个新的认识。我们过去保险是什么概念？是在场外市场，单个的保险公司研发出的产品来卖给你；而期货这种保险是在一个集中市场平台上，你不知道你的交易对手是谁，也没有哪一个单个的交易对手去创造这个产品，是市场配置出来的，一切都是标准化的合约交易，所以它叫市场化的保险。并且由你根据自己的保险需要，到市场上自主交易，自主组合。你交了钱从市场当中挑到你想挑的那一种类、那一天的合约、那一天那一时点的价格，获得某个期货或期权合约，就完成了锁定成本或价格。前面传统的保险，你想要什么品种，它不一定有。比如说农业保险，农民渴望有保险，保险公司不愿保。现在有了期货市场，有了农产品期货，就可以保了。说明什么？说明随着金融创新、金融化的发展，保险的功能又可以拓展和深化了，

① 世界500强几乎都利用套期保值锁定风险和开展经营管理，而且在外汇上、利率上套保比例最高。分行业看，金融业的世界500强行业是98.4%采用了套保策略，基础原材料行业是97.7%，消费品制造业行业是96.3%，技术行业是95.2%，公用事业、工业品制作、医药行业都是超过90%的采用了套保策略，只有服务行业是84.4%。世界500强企业里面也有中国企业，但中国企业套保率最低，是62%，连韩国企业的套保比例都比咱们高，是87%。这是2008年的数字。

保险业的链条可以拉长了，保险公司的承保能力可以进一步扩大，连保险公司也可以通过期货市场为自己寻求再保险。

**没有对冲基金的金融市场是不完美的。**

近年来，随着中国金融改革和创新步伐的展开，基金尤其是私募股权基金、对冲基金、商品基金等新金融产品已开始进入中国金融市场，进入中国人的视野。2011 年 2 月，国泰君安资产管理公司宣布拟发售一只 A 股私募对冲基金产品——君享量化，真正意义的对冲基金概念才终于在国内现身。与此同时，在北京、上海等地还出现了少量的私募商品期货基金。中国资本市场在其诞生的第 21 个年头最终迎来了“对冲基金元年”。

对冲基金正在成为需要刮目相看的一股力量，这是符合中国经济和金融改革发展潮流的不争事实。在当前房价高涨和人民币升值预期的双重作用下，房地产市场对对冲基金的吸引力是巨大的。近年我国房地产市场持续高位运行，部分价格已经包含虚高成分，而支撑房地产市场繁荣的却是银行贷款。由于房地产市场与金融体系千丝万缕的联系，一旦受到对冲基金恶意攻击，房地产市场的崩溃势必引起整个金融系统的地震。随着汇率制度改革稳步推进，人民币显现出强劲的升值趋势，这无疑也为对冲基金提供了无尽的想象空间。人民币国际化进程的推进和利率市场化改革的开启，这一切都要防范来自对冲基金的冲击，同样也需要依靠对冲基金抵御风险。

中国已是全球第二大经济体，因此中国相应的需要而且必须有一个全球金融中心，中国资本市场在未来 20 年有可能发展成为全球三大主要对冲基金投资市场之一。也只有本土对冲基金的快速成长壮大，才能为广大的投资者和实业家们提供笑傲世界经济“江湖”的“倚天之剑”。

39. 期货市场的功能是多样性的

**华夏时报：**期货市场除了能为企业提供价格信号引导和套期保值功能外，还有哪些积极的作用呢？

**孙才仁：**期货市场不仅为我们提供套期保值这么一个大的工具和价格信号发现这个基本功能，它还派生出其他许多功能。比如，期货交易可以帮助企业进行库存成本和利润管理。

成本管理最简单了，因为期货是杠杆交易，我有一个半年采购计划，按照我的生产结构，把频率提高了，我每一个月或者每一天都可以用期货来完成采购。只要运输跟得上，产品供应跟得上，我明天需要的原材料今天买就可以，用不着提前半年买。但我在年初就把价格锁定了，用十分之一、八分之一的成本把全年的采购价格就锁定了，这成本不就下降了？

锁定利润是什么概念？就是企业利用期货市场套期保值业务，在市场价格有利的时候，在期货市场提前建立卖出仓位；待未来产品真正进入市场销售的时候，即使市场价格发生了不利于企业的下降态势，企业也可以通过期货仓位平仓盈余弥补现货销售价格下降的“损失”。

当然，还有市场管理功能。市场管理也不光是价格管理，它能帮你稳定市场，稳定客户渠道，甚至拓展市场。打个比方说，你是一个销售商，下面有一批经销商，正常年景的时候你卖一吨产品 100 块钱，明年年景不好，你不卖到 100 块钱就亏了，你硬着头皮让分销商给你卖 100 块钱，他卖不动，你亏，他也亏。如果你有了套期保值，把市场价格锁定了，你可以跟着市场价格大幅度降价，甚至降的更低，你的销售商不困难，他就活下来，他活下来不就是你的稳定客户了？同样的道理，采购环节的客户维护效果也一样。

期货的市场管理功能还表现在，如果一个企业的产品能够成为期货交易所指定交易和交割品种，那么，这不仅可以为企业提供稳定的销售渠道，还可以大大提升企业产品的市场品牌知名度。

另外，各类企业包括金融机构的资产管理、投资管理，也可以靠期货市场套期保值原理的手段，或者叫风险对冲、金融工具的运用来实现管理。比如，我们最近常说的“市值管理”，不仅能保护企业资产价值，还能起到支持上市公司股东的融资作用。再比如，各类大型企业或金融机构可以利用利率期货和汇率期货，保护自己的存量资产价值不受利率和汇率变化影响。

## 40. 套期保值伴生企业全面风险管理改造

**华夏时报**：*您在讲企业利用金融市场和金融工具对冲市场风险的时候还说过一个重要观点，就是必须相应导入全面风险管理改革。您能否解读一下为什么？*

**孙才仁**：企业做风险对冲，绝不是简单的期货交易，必须相应进行管理改造。套期保值、期货交易，当你熟练以后它就是一个工具，很简单。但是有一项基础工作如果你不做好，那么越熟练越会不利。这就是整个企业管理、企业制度、企业管理体系都要相应地进行全面风险管理改造。

比如说国际上有名的几大衍生品交易风险：如中航油、法兴银行、巴林银行事件，出现这些事件有几大特点：(1)都是大金融机构干的、大企业干的事，小型机构还出不了这么大的事。这些事件中动辄损失就是几亿美元、几十亿美元，最大的那个法兴银行损失四十多亿欧元。(2)之所以能玩出来这么大的风险，操作人员、管理部门的人员都是世界金融市场上的顶尖级人才。期货市场或衍生品交易中出事的都是高手。(3)你再高的手也得有制度配套和制约，制度配套依靠什么？依靠体制。如果有好的体制、好的制约制度和机制，不就控制风险了？所以要进行配套的管理改造。

**不做好套期保值风险管理，就是玩火。**

如果你不做好企业内部风险管理改造这项工作，那么，你进行期货交易就是在玩火，就是害企业。期货交易与现货交易的重大区别就是同样一笔钱，做现货可以支配 1 吨，做期货可以支配 10 吨，挣钱的时候，是现货的 10 倍，亏了也是 10 倍于现货。更重要的是，现货亏损的话，企业可以暂时不急于卖货，但期货亏了却不能无限制地拖延出手，因为期货交易实行每日结算制度，亏了就要向保证金账户追加保证金，如果不能按期追加，就会被强制平仓，“货”也就没有了。为什么美国的次贷危机这么严重？就因为衍生品交易的杠杆效应太大了，次级债被华尔街的投行们无节制地复制。所以，做期货交易、衍生品交易，一定要做好基础工作。总结起来，这里有十个要素：

**第一，要明确目标理念。**

你这家企业要做套期保值，你得知道目的是什么？目标定位要正确且适合本企业的发展战略，目的要打造现代企业核心竞争力，要配置新的竞争优势出来，而不是投机。要说不想配置新的优势，不想为企业发展上保险，我觉得就按传统套路经营企业，可以不做套保。如果我想把企业做得更好，想在经济危机期间活得更滋润，实现经济低谷时的企业起飞，那你就做。当然理念不只这些，还有很多。

**第二，要构建相应的管理体系。**

通过管理体系的重造，可以让你实现真正的管理革命。关键是进行企业组织体系、部门关系的梳理、重组和配套。就像你要打造一辆高速列车一样，不能用老式车轮、车轴和车厢，以及原来的操作系统和调度思维，一定要换成全新的。你用一辆木头做的木马车上高速公路，用轿车的马达驱动这辆马车，开出 100 公里的速度，估计跑不出多远车子就散架了。这是一个什么样的管理体系？我只是强调，它应该是一个体现现代企业制度要求的、反映金融性和高度市场性的、高效率、协调有序的企业组织体系。

**第三，要健全管理制度。**

管理制度是干什么的？要进行行为规范和约束的，要让你的整个流程规范、有效地运转。2011 年我们在山西为企业办了培训班，一次就让企业派五个人参加。为什么？就是系统地把将来套保业务涉及的部门相关人员同时培训了。通过对各部门的相关人员集中培训，有助于企业整体协调地重新规范改造内部管理制度，规范部门之间的流程，并且使风险管理这个核心很好地嵌入企业管理制度中，形成有效的自我约束机制、运转机制。

**第四，要构建民主决策机制。**

期货市场有过许多造富案例，也有很多惨败案例。为什么好多民营企业做期货容易做死了呢？你们使用百度搜索，看国内期货风险案例中，损失最多的是民营企业。老板一个人说了算，缺乏决策民主化程序的约束机制，开始说好做套保，做着做着做成投机了。比如说，本来这个企业是采购型的，期货应该“买多”，操作中他发现明天价格可能要跌，“卖空”合适，他就改变初衷建立“卖空”仓位了，刚一卖明天价格又上去了，就亏了。这是我国套保企业发生过的真实案例。所以要有民主决策机制。

民主决策的核心是什么？特别是大企业，我跟几个董事长讲：一定要重视这个事情，你可以不懂，更不要去过问期货方面的具体操作，你只负责召集开会，做点重要决策，你要懂得多，就会发表发表个人意见，你要干预多非出事不可。董事长、总经理懂期货当然好，但从理论上讲，我说的极端点，如果没有决策民主化这个机制作保障，你还不如不懂。你可以懂期货，可以重视期货，但是你千万不要参与期货交易环节，让你的期货交易部参与，让你的各部门去监督它、配合它，你的责任是年初、年终或者季度召集开会，做做调整，做点决策，再多做就越格了，就要出事了。

**第五，要规范运作流程。**

对于期货交易，作为一个企业来讲、作为一个团队，它应该有一套完整的流程，哪个部门该干什么就是干什么，责任很清晰。财务部发挥什么作用，扮演什么角色；采购部应该怎么干；销售部、市场部，还有别的什么部门都有分工，分工不同、责任清晰。

**第六，要重视风险评估。**

再好的方案你可以不变，但市场在变，价格肯定在变，有的变化不仅仅是供求关系引起的，有的是政策因素引起的，要进行实时的风险评估、实时监控。要把期货仓位与现货生产和市场情况结合起来，进行综合评估，然后对持仓量进行把握和调度。有的时候该调整的时候还要调，艺术就在这里。但这不是一般企业和一般人能干好的，将来要请专家介入，要有强有力的团队，甚至请第三方机构帮忙。

**第七，完善报告制度。**

前面有决策机制，有风控制度，有约束机制，真正最前端的是期货交易部。你不能像少数惹祸高手那样偷偷干、不报告，报喜不报忧，期货账户出大的问题了，往往压着不报，幻想自己能扳回来，给领导造成误导。期货交易是每日结算的，承认风险、正视风险、面对风险、即时调整，有问题及时报告，在你事先约定的框架内做的，那是风险可控。什么叫风险可控?就是咱们这个总体方案里最多亏多少,你是有数的,就算没有达到极限,有情况还是要报告。一方面是报告,但另一方面不能把全部希望委托给报告制度,还要做好监督,专门有一个风控部门要跟踪交易单子,每一笔单子什么时点下、什么价格下的,持仓浮动盈亏等情况你都要看到真实的数据。

**第八,要善于用人。**

其实人才很重要,但人才并不是根本的,关键是要善于用人,科学考核。构建团队、善于用人、科学考核这三句话是从实践提炼出来的。

**第九,必要的外部规范和指引。**就是讲行业监管、主管部门的外部监管和风险监督。

**第十,必要的外部辅助监督。**

谁能辅助你们呢?期货公司,还有一个新兴的、我给它定位的性质叫风险管理机构,类似于美国的高盛这样的高端风险管理机构。一个好的期货团队哪是三年、五年能培养出来的?五年你能做到熟练运用就不错了。没有十年以上,没有经过几轮价格涨跌周期的熏陶是不能成就一个成熟团队的。所以企业将来开展套保业务以后,千万不要吝惜那几个钱,瞧不上期货公司,瞧不上风险管理公司。我预计未来会适应中国国情出现一个新的行业:企业风险管理服务业。期货公司可以是其中一员,但主要是一些专业的风险管理机构。这要比企业自己培养人才更现实。企业在引进人才和引入合作上不要舍不得花钱,舍不得花小钱,损失的是大钱。

## 41. 管理风险者也要注意“风险可控”

**华夏时报：**应对金融化挑战，有时候政策环境和制度配套可能比人还重要，一个好的制度可以把坏人变好人，一个坏的制度可能会把好人变坏人。您觉得针对我国企业特别是国有企业开展套期保值业务，在政策和制度配套上应该有哪些调整和改革？

**孙才仁：**各级政府与企业管理部门需要解放思想、转变观念，企业特别是国有企业管理体制、机制要进一步适应金融化需要进行改革，建立适应金融化时代潮流和企业风险管理实践的内控制度。

**航空公司套期保值浮亏事件不简单，不要把责任都推给企业。**

2008 年金融危机时，被炒得沸沸扬扬的“某航空套保浮亏事件”，就揭示出了政策环境配套的问题。这家航空公司是一个需要套期保值的企业，它每年消耗大量的汽油，采购额也是巨大的，企业迫切需要套期保值。可是拿不到许可证，它就不可能像中铝、中石油、中石化那样方便地去伦敦市场做套期保值业务。那它本身又迫切需要套期保值，怎么办？只好走旁门左道。期货市场场内我不能去做，那就只好去做场外交易。场外交易做得最好的是什么工具呢？期权[①]。

① 期权(option)，又称为选择权，是在期货的基础上产生的一种衍生性金融工具。期权是指在未来一定时期可以买卖的权力，是买方向卖方支付一定数量的金额(指权利金)后拥有的在未来一段时间内(指美式期权)或未来某一特定日期(指欧式期权)以事先规定好的价格(指履约价格)向卖方购买或出售一定数量的特定标的物的权力，但不负有必须买进或卖出的义务。

期权确实很好，比期货还好，它是经过了上百年期货市场的风风雨雨之后，人家才发现期货并不是最保险的，需要再创造一个保险工具出来，就是期权交易，我们叫选择权交易。对期权买方来讲，针对该合约规定交易有选择的权利，选择履行或不履行合约。我觉得这笔交易合适就做，不合适就不做，或放弃交易，但是可以把风险成本锁定。

有道是“天下没有免费的午餐”。即使期权能锁定你期货交易的风险，通过在期货合约基础上再建立一个期权合约，把期货交易风险管理得更有效。但是，为了获得这个期权你也得付钱呀。可是这家航空公司做套保的时候就遇到一个政策不配套的问题，拿不到去国际市场做套保的资格，你的外汇出不去。外汇出不去，你又有需求要做，那么，国际金融机构就给出主意了，咱们通过另一单交易来满足成本支付吧。所以，本来应该是一个看多期权、买期权的，比如我花5亿美元，买一个庞大的期权量，把我的期货容纳进去就够了，这绝对是一个安全的、比较棒的套期保值方案。可是拿不出5亿美元来支付套期保值成本怎么办？对方说，你再做一个反向期权交易，卖期权，这个反向交易所得的权利费就是你付给我的5亿美元套保合约成本。明明是买入期权的，最后成了用一个卖出期权来对冲期权费用，这实际上变成了与投行对赌。一旦市场价格变化对卖出期权不利时，航空公司就必然面临支付风险。

还有一个时间点的概念、价格、价位的概念。他做这种交易的时候，当时期货市场价格原油是120美元，于是金融机构就给这家公司定了一个什么时候开始支付对价的概念，原油价格如果跌回到80美元，一直到60美元的时候，你开始给我付。这家公司一算，原油都120美元，当时号称要涨到200美元，估计价格回落到80美元概率很小，也亏不出多少，这个5亿美元我付得值，就签下来了。谁想到2008年上半年达成的交易，到了秋天遭遇华尔街金融危机，原油价格一路大跌，破了80美元，直奔三四十美元去了。

这再一次警示我们不要轻视“小概率”。当然，我还想说，不要把责任都推给企业。

即便如此，这家公司的套保方案总体是合理的，不能说科学的，但是合理的。什么叫合理？它需要套保，在没有外汇授权和额度情况下，只能这样做。但是只要那样做了，就是不科学的。

什么叫不科学？我们搞套期保值的要记住一点，套期保值本质是什么？风险对冲，或者叫风险可控。它这个方案是风险不可控。所以在我编著的《套期保值与企业风险管理实践》一书里，就总结了什么叫做合理套期保值，加了一条“风险可控原则”。无论采用什么手段，做到风险可控。比如说我能算出来如果出现交易失败的话，我最大的损失是多大，这就叫风险可控，并不是说我一点不亏就是风险可控。我能做到如果出现反向情况，依靠我现在的策略和组合，控制我最大的损失是多少。

## 42. 从教训和媒体的爆炒中归纳几个启示

**华夏时报**：*很多国有企业做套保也出现过风险，还有国航套保事件。对这一系列套保风险事件，您觉得应该有哪些经验值得总结？*

**孙才仁**：近年来，围绕国企套期保值交易中出现的盈亏问题、投机问题，媒体从不吝啬，好像大家都对“亏损”事件感兴趣。很多时候缺乏对事物的客观评价。比如，2008年底国航套保浮亏的时候，媒体就热炒不已，就连国内一流的衍生品专家都说国航套保有投机因素，好一点的评价是把责任推卸给国际投行，说人家欺骗我们。但是，当时间过渡到2009年下半年，国航套保仓位出现大量浮盈的时候，这些专家又改口了，说国航做得好，等等。这只能说明我们对现代金融、风险对冲工具的认识还比较粗浅，认识之路还很坎坷。下面，我列举一些套期保值工作当中经常遇到的一些认识问题。

**第一，从期货和现货对应的角度看待套期保值的问题。**

不能只看期货交易账户的亏损而看不到现货环节的盈利。国航这个案例引来的误解，就是典型的这个问题悟不透。国航当时的期货（或叫期权）交易账面浮亏了70多亿。说明什么？说明现货采购环节的实际采购成本也必然大大降低了。如果套保头寸和现货头寸搭配合理，比如，期货交易规模不超过现货规模，那么，现货的节省成本规模不会低于期货浮亏。

**第二，从长短期统筹的角度看待企业套期保值效果。**

不要只看到今天亏了，还要看到明天后天，乃至于明年后年的结果会是什么。一个好的套保方案，体现在有利于帮助企业长久稳定健康发展。还是国航的案例，2009年上半年亏了，亏得很严重；但2009年下半年就变为盈利了，2010年变成了大赚。

**第三，对套保绩效考核需要多方面综合评价。**

不能只看现货和期货两个部位，要看整个企业经营成本变化。

为什么？因为套期保值解决的是企业整体稳健运营的问题，不仅仅是挣钱亏钱的问题。要看企业是否长周期平稳运营，还要看交易是否对等。什么叫交易对等？看期货仓位规模的时候，你要看到跟现货仓位数量是否对等。最起码的概念，是期货仓位换成吨位以后不能超过现货仓位，更不要说比它还低50%。对等金额还包括我的期货价格变化、跟我的现货价格变化、跟我现货经营行为是否对应的。我本来是卖的，我建了一个仓位是买的，整个反了。尽管现在有少数运作熟练的团队可以这么做，但这只是个案，不可倡导。因为这实际上就是在投机，因为这个仓位失去了保护基础，风险不可控。还要看国内、国际现货市场是否一致。

**第四，风险可控原则很重要。**

市场是无常的，价格是无常的，因此，谁也不能保证你所建立的风险对冲头寸将来不出风险，谁也不能保证我的方案是完全科学的，但要做到最后风险是可控的。如果出现情况，我能在到亏损规定额度之前锁定它，或者亏损之前我可以把它这个仓位平掉，或者说最次的效果是通过现货的盈利把期货的亏损抵消。

**第五，方向对冲或者相反是基本。**

本来是为现货卖出进行的套保，但在期货市场却是买进期货合约，如果最后现货价格跌，期货也吃亏，那不完了？现货吃亏的时候，期货通常是盈利的；期货吃亏的时候，现货是盈利的，这个套保的组合是对的。当然高手高在什么？现货盈利的时候，期货的亏损把握度把握得好，少亏或不亏，提前处理了仓位，或在其他工具支持的情况下，进一步锁定风险。

**第六，国企与私企的运作管理不同。**

这里面有很大的差别，为什么？我举个例子，期货仓位难免有浮亏的时候，有时候私营企业只要策略正确了，老板稳住不慌，让仓位继续存在，你需要往里面续补保证金，他就给你往里续钱。国有企业的套保风险有时候是怎么出现的？是因为管理层不懂，考核制度不健全，出现浮亏了，有人打小报告，说期货亏了。上面就让你停，不管三七二十一，让你平仓了。有钱也不让花，你的仓位没有了，刚平完仓，价格就回来了，我们很多国有企业这么亏的。国有企业将来做套保的时候一定要注意，说好了今年套保要保多少万吨，算一个额度出来，需要一个亿，做决策的时候，常规套保需要一个亿元资金，你再预备几千万元机动，用它来解决浮亏，添补保证金用的。这是一个经验。

**第七，套期保值不是盲目交易。**

这就是学问了，有一套说法和经验，这是一个技术含量很高的工作。

**第八，不能忽视国情和市场实际。**

早几年我曾讲过，今后期货市场发展、培育市场经济体系的压力是很大的。尽管我们搞了20多年的期货市场，即便有30多个期货品种，从它们的市场规模、品种合约的设计，包括期货交易所设计的制度来看，都不能很好地满足所有企业的套期保值现实需求。我们搞市场经济是很好的，正因为我们搞市场经济，中国经济才会有今天这个局面。但市场经济是发展了近二十年才有了今天的局面，罗马非一日建成。所以，我们学习和运用套期保值这项新技术时，就要意识到，我们不是在一个完全市场化的条件下来使用市场尖端的工具，将来在实践中光依赖套期保值的技术是不够的，你要综合考虑国情、考虑中国期货市场的国情，结合实际、灵活运用，不能死板教条地照搬书本知识。

## 43. 金融化也是金融服务的提升和深化

**华夏时报**：*您讲金融化的意义不仅是为企业管理市场风险提供对冲手段和机制，还包括提供发达的金融市场、金融工具和金融服务。请问怎么理解金融化条件下的金融服务？*

**孙才仁**：金融市场、金融化、金融工具、金融创新等总体讲是具有中性特点的，这些都是客观存在。但是，对一个区域经济来说它的效用是正还是负，正效应大还是小，却取决于人的努力，取决于金融市场发育和金融服务水平，以及产业经济与金融业、产业资本与金融资本的融合程度。所以，金融化也是金融市场深化、产业经济与金融市场的不断融合和金融服务的多样化、多层次化和多元化，是金融业与实体经济各主体之间紧密结合、金融服务高度发达，对经济转型发展贡献度不断提升的过程。

当前，我国金融市场和金融业对实体经济的正能量发挥之所以与实体经济需要还有很大距离、甚至金融市场自身也因此积累了风险，金融改革和金融服务不到位，金融创新不活跃，金融市场和金融产业垄断壁垒，金融人的思想观念滞后于实体经济要求，金融业作风不接地气等是重要原因。所以,金融业本身的解放思想、深化改革和扩大开放似乎更迫切!

为了改变这个状况,中国证监会党委在2013年证券期货监管工作会议上对证监会系统干部提出三个方面要求。我觉得我们应该对照检查,不断改进和完善我们的监管思维、发展理念和工作作风。

一要准确把握资本市场改革发展面临的新环境，要看到直接金融体系的健全和完善正面临难得历史机遇，要看到资本市场本身具备加快发展的有利条件,要看到资本市场面临诸多挑战。

二要深刻理解资本市场承担的历史重任，要看到资本市场在促进产业升级、减少政府微观干预、理顺要素市场体系、实现养老金等保值增值、四化同步发展等方面的重要作用。

三要主动转变发展理念,创新监管思维,提升服务能力,即坚持从新兴加转轨的基本实际出发，坚持投资功能和融资功能完全平衡,坚持放松管制与加强监管紧密结合,坚持严格执法与完善法制有机统一,坚持对内开放和对外开放相互促进,坚持近期利益和长远目标统筹兼顾。

这些精神对资本市场工作者是重要鞭策。如果说金融特别是资本市场服务实体经济功能发挥不充分是当前中国经济一大短板,那么,金融市场自身发展不理想、金融服务水平不高是造成短板的重要原因。顺应金融化,离不开金融业本身的奋发有为。我们要珍惜时代机遇,做出无愧于时代的贡献!实体经济界也要认清资本化和金融化的潮流,主动拥抱现代金融。

## 44. 从“美国人应该真正害怕中国什么”说起

**华夏时报**：我理解，金融化也是金融市场发展的极致，从而金融化也是金融创新高度发达的代名词。那么，在中国这次大转型中，靠资本化和金融化就足够了吗？

**孙才仁**：当然不够！资本化和金融化，说到底是依附于实体经济基础上并反作用于实体经济的。当前，金融工作者要善于找到金融改革和创新的抓手。比如，抓住了城镇化建设这个龙头，配合好新四化同步协调发展，才会为资本化和金融化提供用武之地。比如，以服务广大中小企业为目标，创新融资工具、服务方式，发展多层次资本市场等，才能满足企业和实体经济的资本化需求。

当然，城镇化和四化同步建设也只是找到了转型期实体经济继续保持投资需求和消费需求双增长的最大潜力，并不意味由此就彻底解决了实体经济的内生支撑要素。说白点，城镇化之抓手和载体，不代表科技和生产力本身，而实体经济核心竞争力，以及此次大转型的成败，根本上取决于创新驱动特别是科技创新成效。所以，资本化、金融化必须与科技革命结合，金融创新必须与科技创新结合，科技创新必须与管理创新结合起来。而这方面，中国是有潜力、有空间的。特别是如何改善有利于科技与金融、金融与实体经济融合的软环境，恐怕更显重要和迫切。

祁斌先生在他主编的《未来十年：中国经济的转型与突破》一书里这样描述中国的科技创新潜力：“2011 年 9 月 27 日美国《华

盛顿邮报》发表了一篇‘美国人应该真正害怕中国什么’的文章。文章大意是，美国决策者对中国研究人员发表的学术论文和申请的专利数量大幅增加感到非常担心，到2015年前后，中国每年申请的专利数目将超过美国。但是，这些除了提升国家自豪感之外，并无任何实际效果。这话肯定是污蔑。但是，文章认为中国真正的优势在于它的下一代，他们从中国的顶尖学府毕业，正在走出校门，走向市场，开始创业，他们已经成为或者即将成为企业家。文章特别提到一个非常有意思的地方，在中关村科技园区旁边的海淀街上，有一个咖啡馆叫‘车库咖啡’。在这个小小的咖啡馆里，有几十张桌子，每张桌上都是几个年轻人在创业，现在创业很方便，还有很多天使投资者，其中也不乏一些煤老板前来寻找投资机会，在他们中间穿梭，像钓鱼一样。在美国硅谷的咖啡馆里，风险投资家和创业者都是一对一地沟通，中国人很聪明，搞了个‘集体相亲’。记者的意思是中国最值得美国人害怕的事情，是中国人发现了美国的秘密：科技与资本的结合。正是这个秘密，使得过去几十年中美国高科技产业得以独步天下。在今天的中国社会，很多草根的创业者，将成为推动中国经济转型的重要力量。德国《明镜》周刊记者也来了，他们得出一个结论，在这个世界上，有一个地方可能超过美国的硅谷，那就是中国的中关村。2009年从硅谷走出去的IPO企业只有一家，而从中关村科技园区走出去的IPO企业是23家。今天在这个园区中达到上市标准的公司已经超过了1000家。”

读了这段话之后，我就在想：面对当前中国经济大转型的世纪性考验，审视我国内在的转型发展动力和优势，我们有理由自信，更有必要在对比中查找短板。那么,我们在创造科技创新与金融创新的和谐关系上到底缺什么?这是值得我们大家认真思考的课题,尤其软环境建设是需要依托下一步深化改革加以解决也一定能解决的问题①。

① 中国正成为全球创业最活跃的地区,中国的技术创新正在迈向起飞阶段。美国能源部长朱棣文称中国在超级计算机、高铁、新能源汽车等七大技术领域领先美国。但是,即使拥有多项世界领先技术的高铁,我们的问题在哪里?在整件配套,另外一个是管理,管理比技术更重要。中国经济的隐忧在于:比经济高速发展速度更快的耗费速度、浪费速度、污染速度、破坏速度。中国拥有全世界最年轻的企业家群体,但是,缺乏师徒传承,缺乏工商文明的底蕴。在非常短的时间内,一批年轻企业家横空出世,没有来得及夯实以精细化、标准化、流程化、数量化为核心的科学管理基础。看到中国企业风范、底气改变的同时,我们要认真研究中国中小企业的失败。厉以宁教授总结过中国民营企业家的10种死法,例如,病死、拖死、老死、压死、捅死、挤死、憋死等。我们要经常思考成功中是否隐含失败元素?陈鸿桥"创业板与中国新兴产业",见《未来十年:中国经济的转型与突破》。

# 第五篇 金融创新为中西部提供新优势

## 45. “资本兴晋，金融强晋”正在成为晋人共识

**华夏时报**：我接触到的山西官员、企业家和证券机构的人，都说这几年山西资本市场发生了很大变化。您能否说说山西资本市场究竟发展得怎么样？

**孙才仁**：“十一五”期间尤其近年来，山西资本市场工作明显加强，可以说市场初具规模，改革发展成效明显，市场功能得到显著发挥。资本兴晋、金融强晋的理念正在被山西广大干部和企业家所接受。

**1. 上市公司发展壮大。**

山西省A股上市公司家数虽然只是34家，但是2008年至2012年底，上市公司总资产由2715.01亿元增加到5104.36亿元；总股本由339.91亿股增加到495.22亿股；营业总收入由2214.39亿元增加到3654.17亿元，营业收入约占同期全省GDP的35%左右；总市值由2416.29亿元增加到近4000亿元（最近已回复到5000亿元），平均资产证券化率为52%。上市公司所属行业由电

力、炼焦业以及煤炭开采业为主，发展为兼有金融、医药、零售、化工等非煤行业。通过股份制改造上市、股权分置改革、专项治理等活动，一批“产权清晰、责权明确、政企分开、管理科学”、具有现代企业制度的上市公司脱颖而出，促进了山西国有大型企业的发展壮大。

**2. 融资功能显著提升。**

山西省大口径直接金融规模连续四年快速增长，由 2008 年的 100 多亿元，扩大到 2009 的 200 亿元、2010 年的 400 亿元、2011 年的 800 亿元、2012 年的近 1200 亿元，累积融资规模近 3000 亿元，是过去 15 年的 4 倍多，直接金融占银行信贷增量比由 2010 年的 19%上升到 2012 年的 60%。各类融资手段逐渐多样化，由单纯的上市发行股票融资，发展为公开增发股票、定向增发股票、公司债、企业债、资产证券化、票据，以及私募股权融资等多种融资工具并用，这是近年来山西全省直接融资规模快速扩大的重要原因。

**3. 资源配置功能得到发挥。**

近年来，山西省上市公司并购重组活动日益增多，有近一半上市公司通过股权、资产收购等方式进行过并购重组，有力支持了企业做大做强，促进了龙头企业的发展，带动了产业整合。2012 年有 8 家公司实现并购重组或资产注入，整合资产规模接近 200 亿元，其中漳泽电力和同煤集团并购重组，开启了“煤电一体化”、“煤电和谐发展”的先河。2013 年这一个势头将更盛。

**4. 风险配置功能取得突破。**

2012 年以来，山西部分工业企业和农业龙头企业积极稳妥探索利用期货市场套期保值功能对冲市场风险，企业套期保值业务取得突破。部分焦炭类企业与期货交易所合作建立了期货交割仓库，提升了企业抗风险能力和核心竞争力。部分上市公司股东还适时探索开展市值管理创新，有效开展了股权资本运作。

**5. 金融产业体系初步建立。**

银行、证券、期货、信托、担保、基金、保险等机构初具规模，提供了多样化金融工具和服务。山西证券实现上市融资、增资扩股，依靠市场融资收购国内大型期货公司，核心竞争力进一步提升，为实体经济服务作用日益显现。证券和期货公司的营业网点大幅度增加，业务创新服务实体经济的综合金融优势开始显现。截至目前，全省有 2 家证券公司，3 家证券分公司和 122 家证券营业部，4 家期货公司，28 家期货营业部，3 家期货交割库。私募股权投资基金产业正在形成，到 2012 年已经成立了 5 家私募股权基金管理公司和 4 只私募股权基金；3 只城镇化建设基金完成组建，在县域经济市场化改革和城镇化建设中将发挥金融牵引和推动作用。区域股权交易中心和区域场外市场建设准备工作取得实质性进展，“五位一体”综合融资服务平台建设工作顺利推进，资本市场服务实体经济能力将进一步增强。

**6. 市场平稳运行，质量提升。**

经过多年发展，山西省上市公司内控逐渐规范，公司质量和再融资能力不断提升。证券期货经营机构经历了综合治理、账户规范和稳控风险的“浴火重生”后，实力不断增强，内控和风控水平进一步提高，整体经营稳健，为加快业务和产品创新奠定了扎实基础。

大力开展投资者培育和保护工作，分层投资者保护体系逐渐建立，市场投资秩序良好，投资者素质提升。资本市场法制环境和诚信环境逐步改善，建立内幕交易综合防控体系，资本市场违法违规行为得到有效遏制。

最可喜的变化是各级领导干部金融意识和资本运作意识的明显增强，金融工作推动力度明显加大。资本市场发展被列入全省重要工作部署和省政府目标责任制考核内容；2011 年“加快构建与资源型经济转型相适应的资本市场”被写进了省十次党代会报告；2013 年省政府明确了“推进金融创新，发挥好金融在经济转型发展中的支撑性作用”的工作目标。近些年来，山西省政府还相继出台了《山西省人民政府关于加快资本市场发展的实施意见》和《山西省资本市场“十二五”发展规划》。多年来，中国证监会等中央部门大力推动资本市场改革创新，积极支持山西资本市场发展，对于山西利用资本市场推动转型给予了有力的帮助。

## 46. 实现“资源资本化”：金融部门大有作为

**华夏时报**：*山西省委书记曾号召当地干部和企业家善于做“资源资本化”文章，当地领导干部和企业家也说近年来山西刮起了一场以现代金融理念为核心的头脑风暴，吹进了资本市场的春风。山西证监局在实践中如何利用资本化服务于山西地方经济发展？*

**孙才仁**：山西是煤炭资源大省，但是也是转型压力最大的省份之一。如何实现转型跨越发展，山西省委省政府做了一整套的转型规划。省委书记袁纯清同志号召山西的经济工作者要善于做“资源资本化”文章，以资本运作激活山西资源优势。山西证监局党委一直在思考如何利用现代金融、资本市场的理念和机制来帮助山西这个中西部省份实现更好更快地转型。归纳起来，这些年来主要做了三件事：一是启发理念和意识；二是打基础建机制；三是帮助地方和企业实现资本运作重点突破。

**解决认识和理念问题。**

作为中西部地区，客观地存在着市场化改革进程慢，官员和企业家市场化意识、金融意识和资本运作理念相对落后于东部地区的问题。但是，2011 年开始，山西要打一场跨度 30 年的大战役，即在全省域进行转型综改试验区建设。转型主体是企业，但归根到底要有钱和给钱的机制。企业就是经济之车，没油烧就开不动车。这个油从哪儿来？金融市场特别是资本市场！所以，我就说山西抓综改试验第一个概念是抓企业，抓哪类企业？抓上市公司及集团公司。把这几十家企业抓住了，转型大任就能完成一大半。第二个是抓现代金融，抓资本市场，抓企业上市和利用资本市场直接融资。综改试验要在要素和要素市场上下功夫。

煤是山西最大的优势，也是劣势。过去产业发展 80%集中在煤炭上打转转，日积月累变成了劣势。特别是近些年煤炭赚钱效应突出，某种程度束缚了一些干部和企业家的深化改革和开放创新意识，对新生事物、对创新发展方式等动力不足。结果，山西就出现了煤炭相关产业有钱、新兴产业发展资金不足，产煤大县有钱、无煤穷县缺乏资金的情况;全省总体资金富裕,却转化不成本地投资能量。这反映了当地缺乏有效的资源配置和资金转化机制,说明迫切需要改变社会融资主要依赖银行贷款的传统结构。

其实,如果大力发展"直接金融",利用资本市场和资本运作,把煤这个优势用好,山西遍地都是钱。所以,山西证监局做得最多的是知识和理念的宣传引导。我们通过不厌其烦地办讲座、办培训,向大家传播资本市场和资本运作理念,告诉大家不会用资本市场就是爬楼梯,善于资本运作则是乘电梯。两年来,仅我个人为当地党政干部和企业家做的资本市场专题报告就超过 60 场。我们举办的各种培训班也有几十场,为各级干部和企业家编印的资本市场信息资料有数十万字,编印通俗读物《资本的魅力》并免费送书超过 1 万册。如今,山西企业家和基层官员的思想观念开始转变了,视野打开了,山西的资源优势正在变成资本优势和发展动能。

**做好打基础建机制工作。**

机制往往是看不到的,但却是基础性的。做经济工作的同志都知道机制的重要,但基础工作很少有人愿意为之,也比较难为之。针对地方政府和企业还远未融入现代金融和资本运作体系的现状,我们倡导资本市场不是阳春白雪,不是金融家俱乐部,强调广大企业和各级政府才是资本市场的真正主体,并致力于建立有效的合力推进工作机制。比如,我们选择山西企业市场化意识较强的运城、金融历史积淀深厚的晋中和新产业与金融发展势头较好的长治等市,重点推动金融创新和资本市场发展,发挥示范引领作用。我们与部分地市和省政府部门签订合作备忘录,建立紧密合作关系，有针对性地推进资本市场改革创新和服务实体经济举措，收到了合力效果。我们支持省资本市场主管部门在全省推动企业改制工程，为企业上市和对接金融市场夯实基础。我们提出并组织实施“资本市场双千人工程”，培训一千个党政干部和企业家、一千个学生。现在已培训了350名学生、数百名企业相关人员和数千名党政干部，在证监局完成挂职培训的基层干部就有两批35人。

**推动创新工作取得重点突破。**

作为中国证监会在地方的派出机构，我们基于对地方经济建设的迫切需要和资本市场与实体经济之间的距离认识，在上级支持下，利用近距离于实体经济的优势，主动接地气，积极服务发展、加大服务地方转型发展力度。针对山西20多年来没有私募基金的局面，我们创造条件，大力推动，实现了零突破，并开始形成发展之势；2013年又利用私募基金带动县域经济试点破解城镇化建设融资瓶颈难题，取得了阶段性成果。我们还指导山西省积极筹备建立区域“四板”市场，提出并试点建设“五位一体综合融资服务平台”，推动证券公司营业部进行“综合服务窗口”试点，把金融服务引入到各地市，通过系列金融举措为金融服务好中小企业金融需要探索体制机制创新。我们鼓励和推动上市公司积极稳妥开展并购重组，推动山西上市公司通过并购重组实现“煤电一体化”等突破，公司债融资连续两年突破100亿元，在助推地方产业转型和做大做强发展方面产生了很好的示范作用。

要改变中西部地区在利用现代金融方面相对滞后的局面，需要各方面共同行动。证监局虽然是中央监管部门的派驻机构，但是，我们明确提出不做地方经济建设的局外人、不做山西经济转型发展事业的看客。几年来坚持不懈地做金融普及推动工作，成效开始显现。

## 47. 资本市场没有自己的利益

**华夏时报**：*山西证监局作为证券市场监管部门，在山西不仅抓市场监管，还做了大量的服务发展和改革创新工作，服务于山西地方各级干部和企业家。请问是什么原因促使你们党委这样做的？*

**孙才仁**：资本市场工作不是孤立存在的，相比部门职能赋予我们的监管责任，地方经济社会发展的迫切需要同样让我们深感责任不可推卸。尤其对于山西这样的欠发达省份，更需要资本市场多给点“雪中送炭”。

所以，近年来山西证监局党委就提出证监局工作要坚持“强监管、求创新、促发展”三条主线，加大服务发展和推动发展的力度，探索一线监管工作的完整模式。

这样做，一是基于使命意识，山西的历史令人感动，八年抗战为中国革命胜利培养了100多万八路军主力；新中国成立后山西的百亿吨煤炭输出为改革开放和全国经济发展做出的贡献与牺牲也令人感动。现在山西在实施转型战略，力求打破煤炭“诅咒”，这是山西人面临的百年一遇机会。通过引导山西经济发展和利用好资本市场，帮助山西更快更好地实现转型和振兴，这是金融部门的使命和责任。二是基于“新三驾马车”的理论指导，就是我们预判间接金融在经济发展中的作用接近极限，城镇化为龙头，新四化同步推进，经济进一步市场化、金融化，将是未来中国经济大趋势，特别资本市场将在中国经济转型和深化改革中扮演越来越重要的角色。因此，大力倡导和推动中西部地区发展利用资本市场，是应有之义，也可以大有作为。

近些年山西证监局按照上级党委的要求，解放思想，转变思维，改进作风，在推动资本市场服务实体经济方面收到了一些成效。如果说在工作思路和方式方法上有了一些变化，概括起来有这么几点：

**一是不仅要加强监管，还要谋发展、服务发展。**

证监会前任主席郭树清同志有句名言，叫“证监会没有自己的利益”。我理解为“资本市场没有自己的利益”，我们的利益就是全社会的利益、广大投资者的利益、实体经济的利益。所以，我们提出要开辟资本市场工作两个战场：强监管和促发展。特别是在谋发展和促发展方面，我们以办实事、办成事为目标，不仅做好自己该做的工作，别人不做的事情我也做，别人做不好的事我更要做好做成，做到了跳出部门视野做工作。实践看，真的收到了很好的效果，并且逐渐得到了各方面的理解和支持。

**二是不仅注重快出成效，还要注重长远打基础。**

从长计议，用3–5年时间为山西经济能够良好利用资本市场奠定体制和机制基础，这是我到山西后给自己立下的一个工作目标。我们认真帮助省市县三级政府规划发展和利用资本市场的工作方案,提出政策建议。不仅重视推动企业上市,更重视帮助地方政府打造有利于企业改制上市和利用直接金融的各种政策环境和促进机制。在我们的推动引导下,山西 11 个地市去年有 8 个地方政府出台了推动发展和利用资本市场和鼓励企业改制上市的激励政策,多个地市建立了资本市场工作推进机制。

**三是不仅要解放思想有思路,还要真抓实干敢突破。**

我们党委一班人带头学习思考,带头深入基层调查研究,及时跟踪国家改革发展大势,及时更新知识,注意从基层需求中发现工作目标,注意让证券期货监管工作接地气,保持了工作思路不落伍,创新工作有招数。时下很多时候有些工作开完会后没了下文,或领导批示后久拖不落实。这里很重要一个原因是工作难做,推不动。对此,我们倡导干部要有碰到南墙不止步、不回头的精神,鼓励干部在困难面前学会跳墙、绕墙甚至推倒墙。局领导身先士卒推动工作前行,急难工作往往是领导亲自设计、亲自指挥、亲自破解。我们还要求干部尤其领导干部要心里装事,脑筋悟事,做有心人,做实干家,不做甩手掌柜。这在中西部地区的工作推进中显得非常必要和有效。

**四是不仅要有主观能动性,还要善于调动合力。**

我们把集监管与发展于一体的模式视为证券监管部门派出机构工作模式创新的尝试。2012 年,山西证监局领导班子成员深入地市县调研指导工作的时间累积接近半年,为企业把脉诊断,服务地方和企业融资,服务的足迹遍布全省 11 个地市 30 多个县、100

多家企业，形成调研报告十几篇，给地方政府提出了几十条工作建议。我们提出资本市场不是阳春白雪，不是金融家俱乐部，主动联系和发动各级政府，以通俗语言和密集的宣传，把现代金融理念和资本运作知识送给各级政府和广大企业家，并以无私的服务精神感染他们，以主动上门沟通座谈的方式加强联合，形成了发展和利用资本市场的巨大合力。几年前还不知资本市场为何物的基层干部，现在对资本市场逐渐了解，资本市场、直接融资、资本运作、私募股权基金、上市公司并购重组、资产证券化这些现代金融新名词经常脱口而出。在刚刚结束的山西省“两会”上，金融创新、资本市场和资本运作成了会议热议的话题。很多市县领导上任伊始就注意抓金融。在证监局的推动下，山西辖区的证券公司和异地证券公司在山西分支机构，从2012年下半年开始掀起了深入基层服务实体经济的大调研、大走访活动，他们的足迹遍布山西各地市，与山西地方政府和企业建立了紧密联系，了解了企业和地方政府的融资和服务需求，促成了多项融资服务业务。

**五是不仅要培养干部业务能力，还要强化思想政治素质。**

事业是人干出来的，在中西部地区干事创业更考验一支队伍的综合素质和战斗力。针对时下党政干部中存在的“四个危险”和干部队伍实际，我们倡导干部培养时代精神、改革精神、奉献精神和革命理想主义精神“四种精神”，领导率先垂范，引导干部带着梦想和激情干事创业。提倡“五多五少”的精神境界，要求干部少点个人顾虑、多点工作思考；少点个人打算，多点工作魄力；少点个人利益，多点国家利益；少点个人意志，多点统一意志；少点个人恩怨，多点团结奋斗。要求干部在工作学习中“站得高、看得远、思得广、虑得周、敢为先、求上乘”。我们的干部就是在这样的政治氛围中思考着、工作着、拼搏着、收获着。大家说我们的工作很辛苦，但是长见识、长本事、出成绩、很快乐，以自己是证监会系统干部为荣。

## 48. 思想解放，就有办法；视野打开，潜力无穷

**华夏时报：** *作为在山西工作的资本市场监管者，您对山西发展和利用资本市场的潜力或前景持何看法？*

**孙才仁：** 在看到山西近年来资本市场发展取得进步和变化的同时，大家还要看到潜力，看到空间。山西的潜力在哪里？在我们的煤炭，煤炭搞得好就是资源，就是袁纯清书记说的“资源变资本”的资源，搞得不好就会成为包袱。

我们还有巨大的金融资源潜力，一个中西部地区，却还有一万多亿元资金闲置在银行环节，用不出去；按照全国存贷比平均75%的水平和全省存款余额情况看，山西仅银行信贷提升潜力就达5000亿元。这反映了产业发展与金融发展不对接的“产融分裂”现象，也是我们未来扩大投资加快发展的巨大金融资源和潜力。

我们还有人才资源，山西的教育基础很扎实，人文底蕴深厚，只要思想解放、观念转变，人才就激活了。

最大的优势，就是新一届山西省委省政府及各级党政领导更

加重视金融工作，不仅规划了很好的工作思路，还高效展开了推进步骤。山西的金融发展形势真的在发生很大变化。下一步怎么样激活山西资源资本化巨大潜力，要选择重点突破。

**一个是抓好上市公司并购重组。**

这个潜力山西巨大。山西 2011 年在全国经济排 21 位，我们的上市市值在资本市场排位最差时也在第十位，这几年如果不是因为股价缩水，我们应该排在第五六位。这意味着什么？相当一批骨干企业在上市公司平台上，相当一部分煤炭企业资产还没有进入上市公司资产序列，通过注入上市公司、资产证券化等途径，将大大提升煤炭资源资本化水平，提升资源撬动投资和发展的能力。

**二是用好上市公司股权资源。**

股指最高 6000 点那年，山西上市公司市值最高 8000 亿，占全国第五位。2012 年 12 月为 4000 亿，2013 年 2 月 28 日回升到 5000 多亿元。这对山西是什么概念？如果有效开展好市值管理和用活股权资本，在不丧失控股权前提下，仅国有控股企业集团可以依托上市公司股权资源换回来巨额融资。而山西 2011 年和 2012 两年的银行贷款增量才分别只有 1600 和 1900 亿元。

**三是发挥好金融创新的资金转化优势。**

社会资金相对富裕、存贷差大是山西一大特色和潜力。我初步估算了一下，仅以经济条件较好的县域为重点，每个县培育一支 20 亿元私募股权基金，全省就能集聚资本性资金 1000 亿元。山西当地富裕的社会资金和数千家规模以上企业的资金需求，就差一个股权交易市场提供股权换资金的平台。山西的产业特点和优势也很适合开展资产证券化融资，适合发债融资。2010年以来，山西仅发行公司债的规模就由十几亿元迅速扩大到2011年的近100亿元和2012年的近150亿元；企业债发行也连续两年超百亿元；而票据融资则高达500亿元左右。如果能加快建成区域股权交易中心，并创新体制机制，赋予交易平台足够活力，那么，山西资本市场的资金转化力度会更大，企业特别是中小企业融资难问题将得到极大缓解。

**四是激活保险等各种基金潜力。**

我们还有一笔财富——社保基金不能用于经济建设。山西的GDP全国第二十一位，社保基金全国第六位。但是由于国家政策限制没解开，巨额资金存在银行得不到利用。国际通行经验表明，社保基金等政府公共基金如果不进行资本运作、资产管理，就很难保值更难增值，怎么解决将来的老百姓养老需要？所以，十八大报告有一句话："探索建立社会保障基金的投资运营制度，确保基金保值增值。"社保基金等公共基金通过借助有信用的中介机构进行资本运作，既可以用于本省投资建设，又可以在确保安全的前提下实现增值。

**五是关注城镇化建设的巨大资金需求潜力。**

一方面山西大部分县域城镇化扩张空间还有一倍，县和镇配套产业、可挖掘的投资和融资潜力巨大，县域投资规模在100-200亿，大县可达300-500亿。另一方面，山西县域存贷比普遍偏低，大约为20-30%，对应城镇化可挖掘资金潜力大。

**六是关注煤老板转型的巨大潜力。**

山西省民营企业家特别是煤老板，坐拥数千亿资金，他们干事创业、做大做强的意识和激情还在。要把他们视为山西的“资源”，引导他们嫁接资本市场，利用现代金融开展资本经营，由经营产品转向经营资本，由经营自己转向经营他人，由经营企业转向经营企业家，由经营一点转向经营全局，更好地助力经济转型。我甚至大胆地猜想：如果在此轮城镇化建设中，能通过资本运作办法将山西煤老板的闲钱集聚起来，不仅可以极大缓解各地建设的资金紧张和负债压力，而且很有可能为新晋商闯出一条整体转型的路子来，比如培育出一批集产业化与金融化于一体的新式民营资本经营机构，让晋商再一次从金融上崛起。这不正符合了未来产业与金融融合的发展潮流吗？

**七是发挥产业与金融的融合发展潜力。**

我们经常说金融是为实体经济（或者说产业）服务的，实体经济是金融的基础等等。但是，很少有人去关注产业与金融、产业资本与金融资本的融合问题。其实，这是一个重要的经济发展模式，它承载着巨大的发展活力和推动力，是搞好金融服务实体经济的内生办法。早在19世纪末期，产业资本与金融资本的融合就已开始，结合当时的第一次大并购，形成了美国的洛克菲勒、摩根、花旗、杜邦等财团。后来，虽然经过1929年大危机后的“分业政策”调整一定程度扼制了产融结合模式，但是，20世纪80年代新一轮产融结合又得以展开。原因就是产融结合更利于科技与金融、产业与金融在有机互动中实现良性发展，更利于资金等资源整合、有效利用，更利于技术人才等稀缺资源的高效使用，当然也包括了增强企业的国际竞争力和抗风险能力①。这是世界经济全球化、扁平化潮流推动的。

山西经济不仅是煤炭产业“一股独大”，而且具有典型的“产融分离”特点。这不仅表现在产业集团本身产业结构单一，前 10 位省属大型国有企业几乎都被煤焦化和电力占据，而且各大集团也鲜有主控或明显参与金融产业的业务安排。另外，全省域的地方金融产业本身也不发达，区域金融市场发展滞后，企业家的金融意识相对陈旧和淡漠。这种落后意识和经济结构，反过来讲又是山西可发掘的巨大潜力。特别是国有大企业和民营大企业一旦参与金融业和金融市场，其强大的财力和信用可以对发展现代金融形成巨大拉动力，我说的山西社会资金“汾河现象”就能得到极大改善。

**八是瞄准县域经济建设发力。**

县域经济和企业是经济生活中的末梢系统和短板，利用金融市场的条件和能力最弱。县域存贷差大、县域企业融资难的严酷事实表明，下一步拓展经济增长空间和金融服务空间，县域和“三农”领域一定是重点。这方面需要地方政府重视，并积极嫁接金融机构，嫁接金融市场；也需要金融部门和金融机构深入基层，增强接地气的功夫。如此，定能调动山西资本运作的巨大潜力。

① 参见中国社会科学院产业金融研究基地《产业金融评论》，2013 年第一期，“产融结合的国际经验及启示”。

## 49. 勇于创新，鼓励创新，包容创新

**华夏时报**：尽管近年来山西资本市场发展风生水起，成效明显，山西企业家的资本运作意识也大大觉醒，但是，毕竟比起东部发达地区还有差距。您对地方政府发展和利用好资本市场，从工作层面有什么建议？

**孙才仁**：近年来，我一直在思考和建议山西地方政府多角度、多层面发展和利用好资本市场，在具体工作抓手方面给出过很多具体建议，有些建议已成为现实，有些还在推进中。几十年形成的差距确实不是一朝一夕能弥补的。值此全国金融市场改革发展步伐加快的大好时机，我衷心希望山西各级党政干部能像省委书记袁纯清同志要求的那样，抓住机遇，解放思想，激活资源，后来居上。就山西的工作来讲，我最近曾建议并将继续推动做好以下几方面：

**第一，要树立资本兴晋、金融强省的战略意识。**

大家知道习近平总书记倡导“中国梦”，我说山西也应该有个“山西梦想”。山西的梦想什么？除了省委提出的“打造中部经济和文化强省”外，还应该加上“金融强省”。一百年前晋商创造金融辉煌，一百年后是不是可以再打造一次金融强省，实现文化强、金融强、经济强“三位一体”的山西经济梦。山西应该有个金融梦，有了这个梦想，就会有盼头，有精神，有干劲，就不愁不成事。

**第二，要大力弘扬实干加巧干精神。**

这也符合总书记强调的实干兴邦。事不为不成，很多工作难推

动，经济发展和改革创新迟缓，说白了还是干不干和担不担当的问题。在发展现代金融和资本市场这个事情上，需要改革创新，攻坚克难，做以前没做过的事。各级干部如何克服知识不足、视野不宽、观念保守、不敢担当等问题，最好的办法是补习现代金融知识，主动走出去、请进来，形成开放视野和思维，在学中干、干中学，在干事创业中体验成功的快乐。大家都去实干了，就是担当了，都等着别人实干、别人担当，永远没有希望。比如，山西企业利用资本市场最大障碍是企业改制改造不够，缺乏嫁接资本市场条件，这个问题就是需要各级党政干部和资本市场工作部门紧抓不放，跟踪推进。比如，山西的旅游业和醋企业分散没有竞争力问题，就需要政府部门下大决心，拿出煤炭资源整合的气魄推进产业整合和企业合并重组，做大做强。

**第三，要把资本市场工作落实到政府目标考核当中。**

我在去年召开了一次地市政府金融和资本市场工作部门干部座谈会，大家都反映说近几年当地资本市场工作进展挺大，成效挺大，但又觉得给力不够。不给力来自于哪里？来自于我们重视不够，这项工作还没有真正被纳入考核机制。小平同志在世的时候就强调“金融是现代经济的核心”，他还讲“不开放是最大的风险”。今天的经济已然是金融经济了，东部地区金融业在经济中占据重要地位，资本市场工作成为政府工作目标责任制和考核的组成部分，而西部地区还没有跟上来，干部配备还需对金融工作给予足够重视。这恐怕是基层工作普遍面临的亟待破解的课题。

**第四，要更加自觉地推动人才培训和宣传工作。**

很多时候和很多工作，有时往往就取决于理念和知识视野。培训宣传在一般人眼里就是个虚的事，可在我眼里不是虚的。上个世纪推动改革前做的最早最多的是什么事？不就是宣传，不就是真理大讨论吗？最近习近平总书记专门就干部学习问题发表了重要讲话，这对我们抓干部金融知识学习是个很好的激励和鞭策。现代金融和资本市场对我们很多同志来说还是相对陌生的，我们在这上面要加大宣传培训力度，掀起干部学金融的热潮，看看东部地区是怎样搞金融的。通过这项工作第一要激活本地人才的作用；第二要解决提升党政干部、企业家资本运作意识和能力的问题，要让资本市场、资本运作变成我们干部的必修课、必备知识和贴身技能。

**第五，要更加勇于创新，鼓励创新，包容创新。**

由于受视野和思想开放度的限制，我们在某些改革创新方面缺乏勇气和缺乏包容，进而影响了改革发展的效率和进程。这是欠发达地区普遍存在的问题。我们看看改革开放三十年走到今天，成功的改革无一不是在包容前提下实现的，失败的改革通常存在着不包容。山西省委书记袁纯清同志要求全省干部在转型跨越发展实践中“要进一步解放思想，扩大对内对外开放，要勇于创新，敢于担当。”他还说过：“开放是闸，项目是水。项目靠开放引进，发展靠开放加速，有什么样的开放水平，就有什么样的项目数量和项目质量。山西与发达地区的差距，主要是开放的差距，抓好了开放，就抓住了一条借力发展、借船出海的捷径。”在嫁接现代金融和资本市场工作中，中西部地区就是要有这种精神。相应的，也需要在用人机制、干部考核机制上创造能够真正激励干部敢于创新和敢于担当的外部环境，使想干事、能干事、能成事的干部不受压制、不受委屈，极大激发干部的干事创业激情。中西部地区干部在经济工作作风上缺什么？缺的是创新意识和行动力，缺的是改革意识和魄力。改变发展落后面貌，要坚持持之以恒地从改变干部思想意识和作风做起。只有这样，才能捕捉资本市场改革创新的客观机遇，找到金融服务实体经济的各种办法和手段，才能依靠创新培育后发优势。

**第六，要更加注重金融与实体经济的融合。**

我说山西资本市场就像在太原城中间有条汾河，把企业、实体经济和金融隔在两岸了，十几万家中小企业在西岸，1 万多亿元闲置资金就像在东岸放着一样，中间就那么几座桥，转化不过来。其实也不难。各地方政府主动把自己的工作与金融结合起来，政府研究经济工作要与研究金融工作结合起来，在推进金融与实体经济对接上可以发挥信息归集、公示和交流优势，做好协调对接工作。有道是“资本运作功夫在内”，要有好的项目、好的企业、好的信用环境、好的政风环境、好的金融服务。金融业主动把自己置身于实体经济工作，推进金融与科技、金融与经济、金融与产业、金融与文化、金融与城镇化的融合。如此，就能克服金融市场跟实体经济两张皮的问题，能解决好企业发展和地方政府建设的资金“饥渴”，还能大大提升地方经济和企业的发展力、竞争力。

**第七，要更加注重金融创新和金融监管有机统一。**

我们可以预判山西金融改革与发展的步伐会加快，创新力度要加大，随之而来的风险防范任务也会加重。各级政府要克服一说起金融，就只知道通过金融市场获得发展资金的单向思维，要主动树立金融风险防范意识。山西省李小鹏省长要求全省各级政府和金融部门要像抓煤炭生产安全一样，高度重视金融安全。中西部地区在下一步大力推动金融创新的同时，风险管理也要跟进。要建立健全地方金融发展和风险管理体制机制，加强金融工作的统筹布局和统一领导，加强地方政府与金融监管部门的全方位交流与合作；要通过鼓励实体经济嫁接资本市场，提高资本市场直接融资比重的办法，来化解间接融资负担过重的压力与风险；要在地方融资负债结构安排上合理布局，避免加重债务偿还负担，特别要警惕政府融资平台债务和政府担保风险；要通过合理安排地方经济社会发展建设的资金来源结构，留足政府未来财力空间，来储备深化改革引致的资金满足能力，要及早建立地方偿债机制；要通过大力推动金融市场化、民营化，尽量引进民间资本，推动金融资本嫁接资本市场等途径，壮大金融业和金融市场，来化解金融市场自身结构不合理、不平衡的矛盾，为未来应对经济风险和债务危机挑战提供强大的产业与市场支撑。实际上，2012 年 12 月 31 日四部委《关于制止地方政府违法违规融资行为的通知》，已经加大了对地方政府负债搞建设的控制力度①。

① 据统计，2012 年仅中期票据和企业债两种方式融资的“城投债”就高达 6300 多亿元，比上年猛增了 148%，城投债余额快速增加到 14300 多亿元，比上年增加了 74.87%。有券商专家分析说：2013 年地方融资平台债务总额将达到 13 万亿元，到期债务 3 万亿元就占到了地方财政收入的 50%以上，足见未来地方政府债务偿还形势多么严峻。

**第八,要更加灵活地发展和利用好多层次资本市场。**

近年来,资本市场改革创新力度加大,推出来的市场体系触角增多,工具增加。在新一轮金融改革和资本市场创新发展面前,中西部和东部地区客观上处于一个起跑线。但是,我们的解放思想速度慢、转变观念速度慢,推动改革创新力度弱,将是我们与东部地区竞争的最大弱点。希望中西部地区的同志认识自己的先天不足,关注多层次资本市场,学会用好这个机会,避免在新一轮金融改革创新机遇面前再出现“起大早、赶晚集”的现象。基层政府党政干部要在实践中加强金融特别是现代金融知识学习,努力争做资本运作专家。

## 50. 山西煤老板:转型困惑与出路

**华夏时报:** *山西近些年煤炭兴起,一批企业家因此致富,被外界称之为“煤老板”。对于山西煤老板这一群体的关注度,外界似乎从不吝啬,经常遭遇媒体诟病。您在山西工作两年,对山西煤老板这个群体是怎么看的?他们在山西经济转型之役中到底是什么角色?应该如何激发他们的优势?*

**孙才仁:** 2011 年 11 月 16 日,网上发了一篇《山西富人“逃离山西”、有钱人自认是农民对股市敬畏》为题的文章,就煤老板保守问题、民间资本外流困惑等提出一些记者观察和观点。在山西大力推动转型跨越发展的关键时刻,煤老板问题确实重要,我们不能满足于从报端猎奇的角度看煤老板,不能只是把这些人简单视为一个特殊企业群体，而应全面多角度地看山西煤炭企业和企业家，把他们视为山西资源型经济转型发展、金融资源转化的重要力量和企业家转型的重要抓手。如此一来，我们看待煤老板问题，就会更符合实际，更有助于产生积极信号。

**第一，要从深层次探究煤老板保守和资金外流问题。**

有钱不代表身份真的发生变化，而只有思想观念、文化知识结构和行事行商方式、模式发生改变，才能真实改写山西煤老板的地位。山西煤老板中确实有一大批人不是科班出身，但是，说他们观念保守也不具有普遍性。比如有些煤老板办会馆、办画院书院、买字画、买飞机，这能用保守来评价吗？还有很多煤炭企业家大量地做公益事业，积极探索从事煤化工产业、现代农业和旅游业等，支持家乡建设，这都令人赞佩。

记者说山西煤炭产业挣钱，煤老板仍停留在“有钱而已”的状态。从基层了解的情况看，确实有一批煤老板的资金不能顺利转化到当地的投资发展，其实他们自己也着急选择合适的项目投资。

这一方面是因为山西煤老板不了解现代金融和现代投资之道，很多人把煤老板当作发财对象纷纷向他们“伸手”，把煤老板的投资选择搞得不知所云，索性自我保护意识战胜了积极投资选择意识，转型之路走得不那么顺利。

另一方面，我们也不应将病因只归于煤老板，政府、社会、金融业，都有一定的责任。就说相伴而来的煤老板资金外流吧，这一方面说明他们渴望转型发展。我们也要问问有些资金为什么留不住？原因至少可以归纳如下几点：

一是在于有些地方土质还显“疏松”，还不能很好地存住水；包括我们一些地方政府不善于有效地面向煤老板“招商”，功夫花在了外引，忽视了“内联”。所以，有些报道与其说是揭了煤老板的短，倒不如说是对地方经济社会发展环境和官员工作思维习惯的折射。

二是反映了本地缺乏好项目或适合煤炭企业家转型需要和可操作的项目，在本地找不到合适投资渠道，没法与本地经济发展和项目对接，以及缺乏配套经营管理人才支持。

三是部分企业家缺乏安全感，这个问题不仅在山西。

四是反映了市场经济环境发展不充分，招商引资环境待改善。

五是煤老板整体还没有找到好的转型路径。这些都足以引起我们对山西未来转型发展、破解难题迫切需要的思考，也反映了山西革新图变、大力发展现代金融市场、金融产业和金融产品创新工作的巨大努力空间。

**第二，拓展“招商引资”的思路。**

“煤老板”，这是山西、陕西和内蒙古等少数地方特有的一个特殊企业家群体。就山西的煤老板来说，他们确实拥有一定的财富和资金资源。他们也对转型发展有着强烈愿望。用好这个特殊群体的资源优势，对于促进这些地方的经济发展，尤其对于培育新兴产业、推动城镇化建设等新事业，意义十分重大。所以，在我看来，煤老板就是山西经济的一大特殊资源。

但是，资本的属性是流动和逐利的。山西煤炭资本外流也不全是问题，起码让资金有用武之地，况且山西每年也大量引进外部投资。令人纠结的是，一方面资金大量闲置，一方面大批企业发展找不到资金。在纠结煤老板资金出路问题的同时，似乎也不能忽视煤炭企业之外的更大的企业群体的问题。

问题关键在有没有好的项目、好的环境、好的机制、好的平台。改变这种局面，各级政府应更多地在改善政风、效率、环境和深化服务上下功夫，在发展现代金融产业，特别是培养私募基金、发展区域资本市场和建立资金与项目对接机制等方面下大力气。

所谓招商引资，根本不在招揽，而在招有所依、来有所依、在有所为，招商引资“功夫在内不在外”，在于创造良好的市场经济环境、平台和对接机制。我们各地政府不仅要大力抓招商引资，更要眼睛向内好好“栽树种草”、悉心“浇水施肥”，植好山西经济这颗待茂盛的大树。

山西巨额民间财富急待转化为投资，山西企业转型发展急待融资支持。目前存在的问题，主要是我们没有在民间资金与企业发展之间搭好桥、开好渠。我们还需进一步做好环境建设功课和项目储备功课。改变这种局面，必须要依托金融与资本运作，政府、金融业、企业合力搭好“汾河之桥”！要有“金融招商”的新思维。

**第三，嫁接金融，尝试资本运作，是煤老板转型的最佳路径。**

当前山西煤老板对股市、楼市等投资行为存在明显的“羊群效应”，缺乏对未来趋势的独立和理性判断。部分煤老板到北京、海南炒地皮、搞房地产，有的被套牢，更多的人干得很辛苦。部分煤老板喜欢独自创业转型，但是，由于缺少知识和经验及人才队伍，实践中经常遭遇失败或被骗等。最近一个时期，煤老板们又开始蜂拥而入小贷公司领域。其实，我很想提醒这些煤老板，小贷公司第一是做不大的，美国也有小贷公司，但是，你看它有哪家小贷公司成了大公司吗？没有。做小贷公司赚钱没问题，也是金融市场必要的补充，但是，做不大。第二，小贷公司也是金融业，很类似银行业，不是谁都能做好的，那么多老板都自己或几个人合伙办个贷款公司，且不说资金规模与风险承受力的匹配性，就说管理吧，如果没有专业团队，早晚要出风险。其实，最近伴随着一些地区小贷公司热的兴起，这个行当潜在的风险也在积累。

这些都说明，缺少一种有效的“抱团机制”和转化机制，“羊群效应”有时候很害人的，像“民间借贷”和温州商人炒房陷入危机，就是最好的例证。人性的弱点是贪婪和恐惧，非理性和人性相生相伴，对投资标的理性判断与人性驱使下的“羊群效应”是格格不入的。解决这个矛盾，就要从路径和机制上为企业家的理性投资提供适宜的平台和渠道，为煤老板转型探索一条或几条可行的路径。培养专业理财和投资机构，帮助煤老板实现投资运作上的“资本与经营”分离，或许是一个比较不错的选择。

各类金融机构不能只希望分享煤老板财富“盛宴”。只有着眼于山西、山西企业家更大发展，只有读懂山西企业家，接了地气，才能创造共赢局面。各类金融机构要改变当前的局面，自己首先要变，一不做坐商，二不局限于传统业务和传统工具，三不能脱离山西实际，尤其不能脱离实体经济，四要努力树立自身的信用品牌。

晋商资本转型，就是要借助搞现代金融业，走“产融结合”的路子。站在金融高端和资本市场平台，就占据了把握机遇的主动，就可以便利地开展多元化、多样化投资，就可以寻求多种投资机会，获得多个成功路径。但嫁接现代金融，也需要选择适合的路径、平台和机制。搞私募股权基金、风险投资基金、证券投资基金、对冲基金等集合资产管理业务，搞民营资产管理公司、民营金融控股公司，向金融薄弱环节发展，都是比较好的选择。进而由产品经营、资源经营，转向资本经营，由经营企业转向经营企业家。这是新晋商的一个光明前途，是山西煤老板、企业家实现华丽转身的正道！

环顾当今世界，没有哪个国家比中国更有发展增值的潜力；比较国内省域，山西的机遇和空间远非东部和一般的西部省份所能比。100多年前，晋商的辉煌在金融，新晋商的崛起必也在金融！当前中国金融改革和市场化改革正在提速，煤老板、新晋商大有用武之地，更是山西转型跨越发展所倚重的重要资源和力量！

# 后记——办好三件事，实现中国梦

党的十八大胜利召开，激励我着手把近年来在实际工作中的学习体会和专题报告归纳整理出来，并试着用于指导我在山西推动金融创新和金融服务企业、城镇化建设。在我对本书书稿做最后的校对之际，又值十二届全国“两会”胜利闭幕。有感于习近平总书记讲话所强调的“中国梦”和李克强总理答记者问所强调的“办好三件事”。遂决定以“办好三件事，实现中国梦”作为本书的后记标题。

当前，正是中国经济社会转型发展的关键时期和深化改革的攻坚时期。

一方面，我们有了改革开放30多年的深厚积淀，有了应对各种危机挑战和驾驭局势的丰富经验与能力，我们还拥有待实现的13亿人全面小康社会的巨大内需潜力和对中国梦的美好期待，更有中国特色社会主义理论的正确指导。这些都使我们比过去任何时候都更加充满自信。

另一方面，我们也深知前进道路上还存在着各种“转型陷阱”，深知中国正面临来自国内改革和发展以及国际斗争与竞争的前所未有的风险和挑战。正如李克强同志所说：“在我们离实现现代化越近的时候，遇到的风险和挑战会越多。”

值得欣慰的是，以全面建成小康社会和建成富强民主文明的社会主义现代化国家为目标的中华民族伟大复兴中国梦成为全国人民的新追求，“持续发展经济、不断改善民生、促进社会公正”三项任务成为新一届政府的努力目标。在“五位一体总体布局”下，推动新型工业化、城镇化、信息化和农业现代化“四化同步”发展，建设创新政府、廉洁政府和法治政府，中国经济社会发展必将进入一个崭新的时代！

新时代、新目标、新任务、新路径、新办法，这些都是全国人民高度关注和热切期待的新课题。作为一个金融工作者，身处山西这个资源型地区经济转型综合配套改革试验区一线，深知金融改革和金融创新在经济转型实践中将扮演重要角色，深知加快发展多层次资本市场和提高直接融资比重的迫切性。从2011年4月来到山西工作时起，我就要求自己尽可能多地深入一线调查研究，广泛接触基层政府、企业和群众，向实践学习，向基层干部、企业家和百姓问需问计，尽可能地把传播资本市场等现代金融理念与服务资源型经济转型的实践紧密结合起来。在实践中不断发现问题，不断研究解决问题的办法，也不断推动了创新发展。在山西的工作和收获，使我理解了毛泽东主席讲的“广阔天地大有作为”，理解了习近平总书记讲的“随着形势和任务不断发展，我们适应的一面正在下降，不适应的一面正在上升”、“本领不是天生的，是要通过学习和实践来获得的。”

在山西工作生活两年来，我被这里悠久的历史、厚重的文化和面向未来求发展的渴望所感动。东边是太行、西边是吕梁，这两座名山曾经为中国革命的成功培育和输送100多万解放大军，山西这片土地为新中国建设输出了100亿吨煤炭，如今又打响了摆脱煤炭诅咒的经济转型之战。是这片热土和这里的人们创新求变的强烈渴望，激励我坚持学习思考经济转型与改革问题，思考金融工作如何更好地接地气，更好地服务实体经济发展。在这个过程中汇集了一些现实的问题和思考，并用于指导和推动山西资本市场改革发展和服务经济的实践。

可喜的是，在山西省委省政府和中国证监会等中央部门的重视支持下，昔日的煤炭大省正在大力发展现代金融，加快建设多层次资本市场，推进资源资本化、经济金融化，转型事业展现出生机活力和美好前景。

承蒙华夏时报李春喜同志把我两年来的一些思考和实践体会以对话形式汇集成册，并承蒙山西人民出版社李广洁社长的支持，将以《对话2013——寻找经济转型新动力》这么好的名字给予出版。在本书成稿过程中，山西证监局的新老领导和同志们给予了热心的帮助，他们认真审阅书稿，逐一提出真知灼见，给予具体修改，我把这视为同志们对我工作的宝贵支持。在此，我向他们致以衷心的感谢！

这篇《对话》既是我对金融特别是资本市场工作服务实体经济的思考，也有一些实践体会，既表达了我对深化经济市场化改革的良好祝愿，也反映了我对金融创新助力新式城镇化建设的美好期待。在2011年提出中国经济转型需要打造“新三驾马车”之后，借着这次《对话》，我提出了在宏观经济体制机制建设层面以市场化、资本化、金融化为抓手，为经济转型和持续健康发展提供新路径、新机制和新动力；提出新式城镇化建设必须依托产业化、市场化等六个原则；提出城镇化可能带动经济建设重心向县域下移，城镇化建设同步推进农村新式集体经济发展；提出资本市场在实现十八大确定的改革发展目标和推动经济转型发展中使命重大，也大有作为；资本市场改革创新将利好中西部地区等。市场化、资本化、金融化助推工业化、城镇化、信息化和农业现代化，以新式城镇化为龙头和抓手，着力于解决“三农”问题，这不就是未来经济建设应有的着力点和运行路径吗？当然，这些都是基于实际工作中的感性认识所提出的，不一定正确。《对话》中的一些具体说法也不一定符合规范和实际。有不妥之处，敬请同志们和读者朋友们批评指正。

孙才仁

2013年3月于太原